ZECA
A
ORDEM
O prazer de ter
a vida arrumada

COORDENAÇÃO EDITORIAL
Fátima Otero
Júlia Otero

EDITOR
Eduardo Coelho

ASSISTENTE EDITORIAL
Bruno Araújo
Rebeca Fuks

REVISÃO
Wendel de Sousa

ADMINISTRAÇÃO
Lysa Reis

PROJETO GRÁFICO
Maria Lago

FOTOS
Demian Jacob (capa e contra-capa)
Almir Reis

ILUSTRAÇÕES
Lia Siqueira

ZECA
A
ORDEM
O prazer de ter a vida arrumada

língua ferax

SUMÁRIO

INTRODUÇÃO	11
APRESENTAÇÃO	17
A CASA COMO UM TODO: A DISTRIBUIÇÃO E OS SETORES	24
O CLOSET OU OS ARMÁRIOS	29
SOBRE DOBRAR E ENROLAR	35
OS CABIDES, AS CAPAS	38
SOBRE SACOS DE SAPATOS	44
SOBRE FORRAR PRATELEIRAS	45
OS ORGANIZADORES, AS CAIXAS E AS CORES	46
ROUPARIA	52
AS ETIQUETAS VERSUS AS INFORMAÇÕES	56
PERFUMES, SACHÊS, VELAS E OUTROS CHEIROS	59
O QUARTO, A CAMA E AS CABECEIRAS	61
O ESCRITÓRIO COM SEUS PAPÉIS E OUTROS BICHOS	67
O BANHEIRO	85
A COZINHA, A COPA E A ÁREA DE SERVIÇOS	88
OS FUNCIONÁRIOS	97
A CASA LIMPA	110
A CASA VIVA	118
A CASA GORDA	122
OS COLECIONADORES	127
O PROCESSO DA MUDANÇA	133
TEORIA DAS JANELAS QUEBRADAS	138
CAPRICHO	141
CAIXA POSTAL	144
CONVIDADO À PRÓPRIA VIDA	147
FELICIDADE	151
CONSIDERAÇÕES FINAIS	153
AGRADECIMENTOS	156

"Sonho de toda criança. Pintada num tecido, fiz uma almofada para minha mãe. Hoje fica na entrada do meu quarto."

La maison est notre coin du monde.
Elle est — on a souvent dit — notre premier univers.
Elle est vraiment un cosmos.

La poétique de l'espace, Gaston Bachelard

Em 1990 uma amiga me apresentou a Zeca. Eu tentava arrumar meus papéis — de documentos pessoais a cartõezinhos, de fotos a cartas, de receitas médicas a manuais —, espalhados por toda a casa. Logo percebi a impossível tarefa de colocá-los de volta no lugar.

Então apareceu a Zeca para efetuar o milagre de arrumar, classificar, separar, etiquetar tudo. Como num passe de mágica, em poucos dias, tudo ficou inteiramente organizado.

Naquele momento de caos em que me encontrava, não sabia da existência de alguém assim. Acho mesmo que ela foi a primeira pessoa a assumir tal ofício, inventando sua própria profissão.

Foi tamanha a minha alegria ao ver os papéis em ordem que logo passamos para outras áreas da casa, e nos ocupamos das roupas, dos sapatos... Zeca foi adequando os armários aos nossos tamanhos e necessidades. Assim começou nossa trajetória e nossa história.

Depois fizemos mudanças para várias casas e até para outros países. Passamos noites juntas arrumando livros e outras coisas. E nos tornamos amigas, o que acontece com a maioria de seus clientes.

Zeca é absolutamente focada, dorme e acorda pensando em soluções para o trabalho que está realizando. É criativa, disciplinada e obstinada: especialista em fazer as pessoas caberem com inteligência em seus espaços.

Tudo tem seu próprio lugar. Desse modo, sob uma lógica e um método que vai muito além da simples arrumação de um armário, torna-se fácil achar qualquer coisa. É um projeto de ter a vida arrumada e, consequentemente, de termos mais tempo destinado ao prazer.

Em *A ordem*, é seu método e olhar crítico que Zeca pretende compartilhar com o leitor. Tenho muito orgulho de fazer parte deste livro e aproveito para agradecer a Zeca por todos os anos de ensinamento.

Fátima Otero

INTRODUÇÃO

Durante os últimos trinta anos me especializei em organização de casas, apartamentos, escritórios, consultórios, lojas e até mesmo fábricas. Aprendi e pude observar muita coisa sobre estes assuntos: organização e método. Constatei que o método preserva a organização implantada e que arrumar é a última parte do processo organizacional.

Pensei muito sobre o que fazer com a experiência e o conhecimento adquiridos por mim nessa área a que tanto me dediquei. Concluí que empreender e me tornar uma empresária de serviços domésticos seria uma atitude que viria contra a minha natureza. Minhas relações são mais intimistas, e meu trabalho penetra por canais muito pessoais. Além disso, ele deve ser feito com total discrição.

Lançar-me à área didática, ensinando a dobrar meias, camisetas, como empilhar louças, encaixar talheres, seria apenas a parte mais fácil, mais simples, de todo um planejamento. Seria o final de um projeto organizacional de um espaço, o que poderia ser mostrado simplesmente por imagens.

Dirigi então meu pensamento para o começo, o princípio de tudo que eu quero mostrar — a ordem! —, com suas vantagens e benefícios para os dias de hoje e sempre!

A ordem só muda o conteúdo da nossa vida! Queria então estimular as pessoas a voltarem a tomar conta das suas casas. É necessário vencer as dificuldades e a confusão que se instala na vida com o bombardeio de informações e necessidades, com a falta de gosto pelo serviço doméstico, inclusive pelas empregadas. Afinal, diante do descontrole dos moradores de uma casa,

> *A ordem só muda o conteúdo da nossa vida! Queria então estimular as pessoas a voltarem a tomar conta das suas casas.*

elas também não querem entender o que estão fazendo.

Mas percebi que quando as pessoas começam a participar do processo organizacional, começam a gostar e vão aos poucos tomando as rédeas, até descobrirem que, além de serem capazes, gostam e participam, ajustando melhor as coisas para seu uso. Assim, abandonam a atitude que chamo de *convidadas da própria vida*.

Diante dessa constatação, meu livro tomou uma direção que veio ao encontro dos meus princípios, sobretudo o de não criar qualquer dependência nos clientes conquistados, tornando-os assim independentes e livres para darem o rumo que bem lhes convém a partir da ordem alcançada. Até mesmo desmanchar o que fiz! Se eu pudesse, teria uma Estátua da Liberdade em minha casa!

Então, comecei a escrever o meu livro, nem tanto didático, nem tanto educativo. Minha principal intenção é de mostrar como os espaços utilitários de uma casa podem ter um pouco de poesia, prazer, beleza e limpeza — no sentido mais amplo que tais palavras podem expressar.

Como organizamos um espaço a ser ocupado? Depende da funcionalidade que se pretende dar ao espaço. É a funcionalidade que indicará o melhor método, e o método vai manter a ordem que se busca.

Cada lugar traz características próprias para se explorar, para que tenhamos facilidade na sua manutenção. E em se falando de manutenção, vamos também perceber que tudo nos leva à limpeza — é disso que depende a saúde da casa. Portanto, como costumo pensar numa casa por setores — e é na cabeça que a gente começa a organizar uma casa —, vou tratar de cada setor, e em cada um deles darei minha visão sobre o assunto e a dica de limpeza.

Vou dedicar um capítulo especial para falar de limpeza. Tenho notado que, apesar da quantidade de opções de produtos de limpeza que há no mercado, acho tudo muito sujo quando ando nos lugares públicos. Penso sempre que as pessoas que o aplicam acham que o produto limpa sozinho. Encontrar a sujeira e se livrar dela requer disposição, conhecimento e prática, isto é, profissionalismo. Ninguém quer ser um profissional de limpeza. Vejo faxineiras que nem sabem encontrar sua matéria-prima: a sujeira. Fico o tempo todo mostrando onde limpar, mostrando que o que se limpou ainda está sujo, enfim, ensinando missa a padre.

Também vou abordar o tema das empregadas, que são as pessoas supostas a fazer a tal manutenção da casa. Darei o meu parecer a respeito de suas tarefas. A responsabilidade da função que exercem, ou seja, manejar o dia a dia de uma casa, com o interfone tocando para avisar que chegou algum prestador de serviço; o motorista que pergunta pelo dinheiro e pela lista

Zeca não é uma organizadora;
é uma maneira de pensar.

Cláudia Raia, atriz

do supermercado; o telefone que toca; enfim, imagine tudo isso acontecendo e as camas por fazer, a louça do café da manhã por lavar e ainda uma equipe fazendo a manutenção da louçaria pela casa... ou mesmo eu, chegando de manhã cedo para reorganizar a rouparia, pedindo uma escada!!!...

Minha pretensão ao escrever este livro, além de fazer uma síntese de tudo que aprendi, é tentar mostrar que em todos os setores de uma casa tem uma maneira inteligente, bonita e até divertida de se fazer ordem, e com isso tornar a vida doméstica mais agradável para todo mundo. Vivemos numa época em que a gente quer fazer tanta coisa que não dá para perder tempo procurando coisas que estão fora dos seus lugares, dos seus *setores*...

Como podemos constatar, falar de ordem, casa, manutenção, empregadas, tudo isso é muito complexo, o que significa que teremos muito o que tratar pela frente.

Mas não quero dizer com isso que vou complicar a vida propondo coisas muito específicas, muito detalhadas, não. Ao contrário. Quero expor um conceito de organização que não vai importar a fase da vida em que você está, se a casa é cheia de móveis ou *clean*, se você era mais consumista e agora é mais básico, enfim, o conceito vai com você.

É justamente isso que eu pretendo transmitir!

Lux Jornal completa sem festa seus 50 anos

O Lux Jornal comemora hoje o seu cinquentenário Sem festas, discursos ou outras solenidades, porque os seus quase cem empregados não podem parar: é preciso ler, separar, cortar, colar e distribuir as milhares de notícias divulgadas pelos jornais diários do País para os seus três mil assinantes.

Tudo começou em 1928, quando Vicente Lima viu, na mão de empresários teatrais, um envelope contendo recortes sobre a cantora lírica Berta Singelmann, publicado na imprensa. Daí para a criação da nova empresa jornalística, Lux Jornal, não demorou muito, pois Vicente Lima reuniu um grupo de oito colaboradores e passou a oferecer um serviço que muito agrada reclamava: a seleção de notícias especiais para os que não dispunham de tempo para ler todos os jornais.

SEM MUDANÇAS

Embora hoje o Lux Jornal cubra todo o território nacional, com filiais funcionando em Recife, Brasília, São Paulo e Belo Horizonte, já houve tempo em que os clientes — os assinantes, como são chamados na empresa — só recebiam recortes de jornais publicados no Rio e em São Paulo.

Basicamente o serviço do Lux Jornal constitui o mesmo dos últimos 50 anos: o assinante declara o assunto de seu interesse e a partir daí recebe todas as informações publicadas nos jornais diários do País, classificadas sob um número e ordem que passa a ser apenas seu.

As alterações havidas foram apenas quanto à quantidade de assinantes e às melhorias para execução do trabalho. Hoje, para a abertura dos jornais (separação das folhas e páginas), há um grupo especial que trabalha sobre balcões com cortadores; para a leitura dos jornais (indicação dos assuntos e clientes) utiliza-se um código que vai de 1 a 600 e de 1.000 a 7.000; para o recorte, os tesoureiros são leves e compridos; para a colagem, pincéis de cabo longo e, para a distribuição e separação, um conjunto de escaninhos com os números correspondentes aos assuntos e aos clientes.

Pelo prédio 176 da Rua Buenos Aires — de três andares — passam diariamente mais de dois mil exemplares de jornais cariocas e também residentes dos interiores do Estado. E, segundo pesa que usar métodos de reprodução a frio para substituir os recortes de um mesmo assunto até 800 vezes.

— Raramente deixa o cliente desatendido. Não é verdade à dúvidas vezes observados a também das filas regulamentares — explica Horácio Nascimento, que já trabalha no Lux Jornal.

Para Alberto Lima, irmão e herdeiro de Vicente Lima, o Lux Jornal só vive porque existem os jornais diários mas também um apoio deles porque leva suas notícias e informações para qualquer ponto do País. "mesmo que normalmente não circulam".

BOAS LEMBRANÇAS

Em 1951 o Lux Jornal participou de uma mostra internacional sobre empresas de recortes de jornais e acabou sendo seus primeiros elogios, fora do País.

— A mostra foi na Itália, mas teve tanto sucesso que acabou sendo levada para a França e Suíça. Todos queriam ver os nossos métodos e também os jornais brasileiros — conta Alberto Lima orgulhoso.

Em 1953, nas comemorações dos 80 anos de Winston Churchill, o Lux Jornal colecionou todas as notícias que foram divulgadas na imprensa brasileira sobre o assunto e enviou-as num álbum, como presente, ao político inglês, que respondeu com uma carta em que agradecia e fazia referências elogiosas ao tipo de serviço.

No Chile, no Paraguai e em Portugal funcionam algumas empresas de recortes de jornais que atendem aos mesmos critérios do Lux Jornal: classificam os assuntos, dão-lhes números e distribuem-nos entre os clientes.

— Essa é uma técnica nossa Bem verde-amarela — conta Alberto Lima, explicando que as empresas de recortes funcionam bem quando os clientes são poucos, quando o número aumenta, o trabalho fica difícil e só ela, com a classificação de assuntos, podem trabalhar com mais facilidade sem perder a rapidez.

— Não temos medo de concorrente. Eles aparecem e vão embora. Nosso sistema é único — afirma Horácio Nascimento, lembrando que para formar um bom leitor é preciso um ano de treinamento diário.

Por isso é que para abrir filiais nas capitais do País o Lux Jornal tem o cuidado de escolher três ou quatro pessoas de casa de base, deixa-as um ano no matriz, no Rio, e adequa o que possa sem instalar o serviço na outra cidade.

Para o cinquentenário nada foi programado: Se houver festa, os clientes saberão recebendo seu jornal — recortes cuidadosamente colados nas folhas de papel timbrado. E isso o proprietário da empresa, Alberto Lima, não pode admitir.

— Lembramos a todos o trabalho, que de manhã bem até a tarde, não é tranquilidade, sentado no mesmo canto, recortando um trabalho com mesa 20 anos, de...

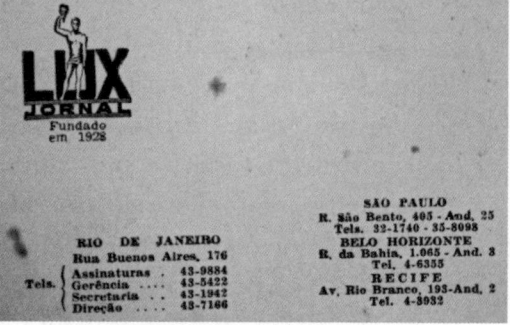

"Maria Lima, minha mãe, trabalhando no Lux-Jornal, com o quadro de assuntos ao fundo, e em volta as moças que recortavam os jornais."

"Papeleta — como era chamado o papel timbrado, com a data e o nome do jornal de onde foi tirada a notícia, o que hoje podemos chamar de *clipping*."

"Cartão da empresa de recortes do meu pai, Vicente Lima, que foi fundada por ele em 1928."

APRESENTAÇÃO

Cresci no meio de papel — jornal. Meu pai, o jornalista Vicente Lima, foi fundador do Lux-Jornal. Essa empresa vendia assinaturas de recortes de jornais, o que hoje seria chamado de *clipping*!

Os recortes eram tirados dos jornais do dia, colados numa papeleta com a data e o nome do jornal de onde foi recortada a notícia, reunidos em uma pasta de papel e entregue por bicicleta — bem cedo! — aos assinantes, na mesma manhã em que haviam sido preparados, e o assunto era de acordo com os interesses de cada um.

Para que se pudesse marcar o jornal pelos assuntos, tinha um quadro enorme, que era uma tabela com números, onde cada número representava um assunto:

Exemplo: 1 — Política, 2 — Esporte, 3 — Cinema, 4 — Economia, e por aí em diante.

Acho que foi daí que me veio a ótica de que a gente pode *classificar assuntos* — duas palavras que uso muito para fazer as pessoas entenderem os *mecanismos* que nos levam à organização.

Quando menina, no internato, percebi que minhas amigas de dormitório tinham sempre notas baixas pela falta de ordem nos armários, e isso implicava na saída ou não do final de semana. Como o meu estava sempre impecável, elas me propunham trocar a arrumação por qualquer outra coisa que elas tivessem ou fizessem, que me interessasse. Deu certo. Fiz negócio com a minha vocação.

Na adolescência, por morar em Santa Teresa, lugar que na época era completamente fora de mão por conta dos problemas de transporte e segurança, eu passava os finais de semana na casa de minha melhor (e há mais tempo) amiga. Enquanto esperava os amigos que vinham me buscar para sair, depois de pronta e maquiada — com as maquiagens mais variadas e sofisticadas da mãe da minha amiga — me distraía arrumando cada sombra, cada delineador por cor e embalagem, nos armários espelhados do banheiro de mármore — lindo! - esverdeado. Eu adorava ver aqueles pincéis, separados nos copos de jade, por tamanho e função; os lápis separados em outro copo — de prata — com as tampas indicando a cor; as escovas de cabelo — sem cabelos — separadas dos pentes nas gavetas, enfim, eu me sentia arrumando uma loja de cosméticos, bem chique, de qualquer lugar do mundo!

Digo isso para explicar que sempre se pode colocar poesia nas coisas práticas, e a satisfação de ver tudo nítido, arrumado com elegância, me traz sempre a impressão de que é possível extrair algo de criativo da rotina do dia a dia, algum prazer. Não exatamente de se fazer a ordem, mas de se ver a ordem feita.

Aos vinte anos, já casada, vivi durante dez anos numa fazenda, no Paraná, cuja proposta final era criar gado. Lá tive oportunidade de viver uma experiência de organização muito interessante com o gado. O rebanho tinha que ser controlado, e para isso tivemos que colocar um brinco na orelha de cada um, com seu número. E então criei uma ficha para cada número, isto é, para cada cabeça de gado.

E assim tudo o que se fazia necessário para esse controle teve como base essa marcação, tal como: revisão do rebanho em geral, vacinas, nascimentos e aleitamento, rotação de pastos, tudo o que se relacionasse ao rebanho era controlado por essas fichas! Vivi numa casinha muito singela, de madeira, mas como era muito arrumada e limpa, ia gente do lugar só para ver a ordem... Eles queriam ver o "tal do soalho" — piso —, que era de madeira lavada, que fomos encerando, mesmo sem enceradeira, no escovão!

Parti então para a profissionalização disso, tendo passado antes por alguns anos organizando recortes de revistas de moda junto a uma confecção — de novo o Lux-Jornal! — e depois fazendo e vendendo moda com o meu alfaiate, que me acompanha há muitos anos.

Claro que não tive loja ou mesmo confecção, mas como trabalhei como Estilista numa confecção, minha Carteira de Trabalho é de Estilista.

Conforme já falei na minha introdução, minhas relações são mais intimistas. Fui sacoleira de roupas importadas e de coisas que eu mesma fazia em escala artesanal, personalizada, isto é, quase por encomenda. Adaptava meus modelos, minhas ideias, ao estilo, tamanho e desenvoltura de cada uma das minhas várias clientes e amigas. Sempre vi cada cliente como único!

Quando levava minhas criações às casas das clientes, ao sugerir as composições de roupas, as pessoas me mostravam os complementos que já possuíam. Nesse momento eu entrava nos armários. Além de ajudar a triar um pouco o que elas tinham e com isso inserir minhas peças, eu propunha que, para que conseguíssemos visualizar o guarda roupa, precisaríamos organizar um pouco as roupas por artigo. Camisas, calças e saias avulsas, jeans, jaquetas e blaisers, vestidos curtos e compridos, conjuntos, roupa de inverno e festa, etc. etc. etc.

Percebi que todo mundo ficava mais agradecido à ordem implantada do que pelas roupas novas compradas. As pessoas descobriam um verdadeiro guarda-roupa dentro do próprio guarda-roupa. Era apenas a diferença de nitidez, de clareza. Mais uma vez, o Lux-Jornal: classificar para poder selecionar.

Quando eu voltava às mesmas casas, pude também perceber que apareciam outras peças de roupas que não eram novas, mas que não estavam à vista da última vez. Concluí que as pessoas escondiam as roupas em outros lugares apenas porque não estavam em uso ultimamente, e, com a falta de espaço, elas iam parar em malas, caixas, armários em desuso e por aí em diante.

Até mesmo a casa de campo ou de praia virava depósito de roupas e coisas em desuso. Nessa época não se falava em *Feng Shui* ou qualquer outro tipo de tratamento ambiental. Não é preciso dizer que esses materiais guardavam o cheiro típico de coisa guardada e que o estado era deplorável.

Com isso, foi se construindo em mim a impressão (e que hoje é uma certeza!) de que as coisas precisam estar vivas, isto é, em uso.

Exceto os casos óbvios — objetos, peças de arte e serviços de mesa—, tudo que é frágil e antigo sofre do mal contrário. Se quisermos preservar, teremos que tratar, porém poupar o uso. Há coisas que não devem ser usadas com frequência se queremos guardar como uma relíquia.

O resto, tudo, mas tudo mesmo, precisa viver! E cada coisa dentro da sua função. Roupas, sapatos, bolsas, toalhas, lençóis, tudo precisa ser usado. Isso nos leva a concluir que é preciso ter uma quantidade de coisas que se mantenham em uso, ou teremos que dar a manutenção correta, começando por ter um espaço adequado para cada item.

Cabe lembrar que tudo isso que constatei trabalha contra mim, pois diminui o meu material de trabalho, minha matéria-prima... É lógico que quanto mais coisas a gente tem, mais espaço se faz necessário, o que nos obriga a consultar os profissionais na área. Mas não posso deixar de expor essa constatação, uma vez que o mundo caminha para a simplificação da vida: menores espaços, bagagens mais leves e menos "gordura". Para ser gentil com minhas clientes, falo que elas estão magras, mas que a casa onde vivem está gorda!

Voltando aos guardados: fui vendo a dificuldade que a maioria das pessoas tinha de se desprender dessas peças, procurando sempre entender o que as prendia a elas. Cheguei à conclusão de que existem apenas duas razões para se ter as coisas: gostamos ou precisamos delas. Gostamos porque nos trazem lembranças, porque apreciamos as peças, porque nos acostumamos a vê-la e a possuí-las todos os dias. São referências da vida de cada um. Tudo isso já é uma boa razão para se manter o que se tem.

E precisamos delas porque é necessário ter roupa de banho para se ir à praia ou à piscina, é necessário ter chapéu para ir ao sol, malas para se viajar, enfim, as necessidades são muitas... de coisas que muitas vezes nem gostamos de ter.

Seguindo a trajetória da minha história — conto isto porque as pessoas têm curiosidade de saber como eu consegui fazer disso o meu trabalho —, num determinado ponto da minha vida tive que tomar uma decisão.

Depois de uma experiência traumática, não pude mais pensar em vender ou fazer roupa. Queria ser mais útil às pessoas. Resolvi, então, fazer a coisa mais natural, que exigisse de mim o menor esforço. Outra vez respeitei a minha natureza. Fiz uma parceria com uma amiga arquiteta que foi a propulsão necessária para que alguma coisa acontecesse, já que ela tinha experiência nos espaços e é muito organizada na teoria. Sem muito pudor, busquei amigos que conheciam minha vocação e me propus a praticá-la como um serviço.

Foi difícil botar os limites de tempo e dedicação. Gosto do que faço e isso vai me estimulando. Organizar uma casa é um trabalho interminável, porque quando se chega ao final da implantação, percebe-se que tudo já está superado. Podemos melhorar cada setor. Agrupar elementos que a gente vai encontrando nos movimentos, sejam eles de mudança de casa, de reorganização depois de uma obra com espaços novos, enfim, a

A organização simplifica
e humaniza o viver.

Eliane Brenner, farmacêutica

cada minuto podemos fazer melhor, retocar o que já está feito.

Isso me levou a várias conclusões muito importantes sobre a técnica desse trabalho:

É preciso reunir os *assuntos* para se quantificar e idealizar os *setores*, e prever os espaços necessários para, então, ocupá-los.

Outra coisa genial que descobri é que os armários a gente arruma fora deles! Isso foi uma coisa importantíssima que percebi! Como um Ovo de Colombo!

Usei o mesmo raciocínio e cheguei à conclusão, também genial, de que a gente organiza a casa na desconstrução!

É na mudança da casa, no desmanche dela que a gente organiza, e não quando se entra na casa nova. Lá a gente só arruma! Eis a grande diferença entre organizar e arrumar uma casa.

Parece óbvio, mas nem sempre a gente percebe o óbvio e cria uma regra. "Maçãs caíram na cabeça de muita gente, mas só Newton percebeu a Lei da Gravidade." Não sei de quem é essa frase, mas gosto dela.

Tudo isso pude concluir nesses anos em que pratiquei diariamente essa função, vivendo as mais diversas situações domésticas e passagens de vida.

Pessoas que herdaram, pessoas que perderam espaço, pessoas que adoeceram, escritórios desmanchados, famílias que aumentaram etc. Mas, de todas as experiências organizacionais que vivi, a que eu quero realmente transmitir é o gosto pelo serviço útil, mostrar que organizar e arrumar uma casa pode ser até divertido, com uma nota poética e pessoal, com "inteligência a serviço do prático", diria o advogado Alberto Xavier.

A CASA COMO UM TODO:
A DISTRIBUIÇÃO E OS SETORES

Assim como o nosso corpo, a casa é um circuito integrado – e com *vida própria*! Tudo precisa estar em equilíbrio para que se possa ter um bom aproveitamento do potencial da casa, dos seus espaços e dos bons serviços que ela será capaz de gerar, de oferecer. E é claro que estamos falando em conforto, harmonia, prazer, saúde e beleza dos ambientes.

Vou começar a falar de *setores*, pois vai ser um termo que usaremos muito. É a *setorização* que garantirá que a casa possa ser vivida com total e plena liberdade, de modo que dentro da rotina da casa, seja ela qual for, tudo retornará ao seu devido lugar.

Setorizar uma casa é criar *departamentos*, que é por onde começa o trabalho mais importante de organização de uma casa: *classificar* os seus conteúdos para depois setorizá-los, colocando assim cada coisa no seu devido setor, nos seus *domicílios*, nos lugares onde deverão *morar*.

Para isso, é preciso saber, além do que nos é óbvio, qual utilidade damos ao que se coloca em questão, de maneira a encontrar o *setor* e, por consequência, o lugar onde o artigo vai *morar*, onde será o seu *domicílio*. Costumo dizer que tal coisa "mora" em tal lugar e vai "passear" em outros lugares, mas volta para a sua *casa*...

Exemplo: quando se fizer um jantar e existir a necessidade de uma decoração que envolva algum enfeite ou jarra que *mora* na louçaria, depois do jantar essas coisas voltarão para o seu domicílio de origem.

Essa linguagem facilitará o entendimento de que cada coisa numa casa pertence a um setor – domicílio –, apesar de ser uti-

Parece óbvio, mas nem sempre a gente percebe o óbvio e cria uma regra. "Maçãs caíram na cabeça de muita gente, mas só Newton percebeu a Lei da Gravidade." Não sei de quem é essa frase, mas gosto dela.

lizada em outros lugares. É uma facilidade também aplicável quando temos que explicar a um novo funcionário ou prestador de serviço como a casa funciona.

Ao pensarmos previamente na complexidade do conteúdo de uma casa, nós nos desesperamos na hora de uma mudança, de uma festa, ou mesmo na necessidade de um serviço — porque tudo terá que sair dos seus lugares, como na aplicação de sinteco —, que é quase uma mudança a ser feita dentro da própria casa! Mas, quando se *setoriza* uma casa, fica muito mais fácil o manejo ou o remanejo de todo o seu conteúdo.

A organização de qualquer coisa vem antes da arrumação e por último a manutenção. Portanto, vamos setorizar uma casa no papel:

Parte íntima:
>Closets – Roupas, sapatos, acessórios, malas de mão e de fim de semana.
>Banheiros – Produtos de higiene, saúde, beleza e farmácia.
>Quartos – Cabeceiras, livros, aparelho de som e de TV.
>Quartos de crianças – Cabeceiras, livros, papelaria, material escolar.
>Escritório – Livros;
>>Papelaria e cartoleria;
>>Documentos, arquivos, fotos e memória;
>>Chaves, manuais, plantas do imóvel;
>>Acessórios eletrônicos e material digital (CD, DVD para gravações);
>>Presentes; papéis de presentes e embalagens;Sacos e sacolas.
>
>Rouparia – Roupas de cama e banho e, eventualmente, a roupa de mesa.

Parte social:
>Salas de estar.
>Salas de jantar.
>Som, TV e cinema.
>Bar.

Parte social funcional:
>Roupa de mesa.
>Louçaria.
>Prataria.
>Velas e cheiros.

Parte exclusivamente funcional;
    Copa.
    Cozinha.
    Despensa.
    Área de serviços – Material de limpeza em geral;
    Lavar e passar roupas; costurar.
    Engraxar sapatos.
    Flores e arranjos.
    Comida, utensílios e acessórios para os animais.
    Dependências de empregados

Parte do lazer:
    Piscina, sauna e tênis.
    SPA e academia.
    Salão de jogos e brinquedos.

Depósitos:
    Maleiros, diversos utensílios e artigos de viagem e esporte.
    Manutenção: Casa em geral, ferramentas, utensílios de jardim e para a limpeza da piscina.
    Enfeites de Natal, material de festas, arranjos e ornamentação.

Garagem:
    Carro e acessórios.
    Limpeza do carro.
    Motocicletas, bicicletas, skate, pranchas de surf etc.

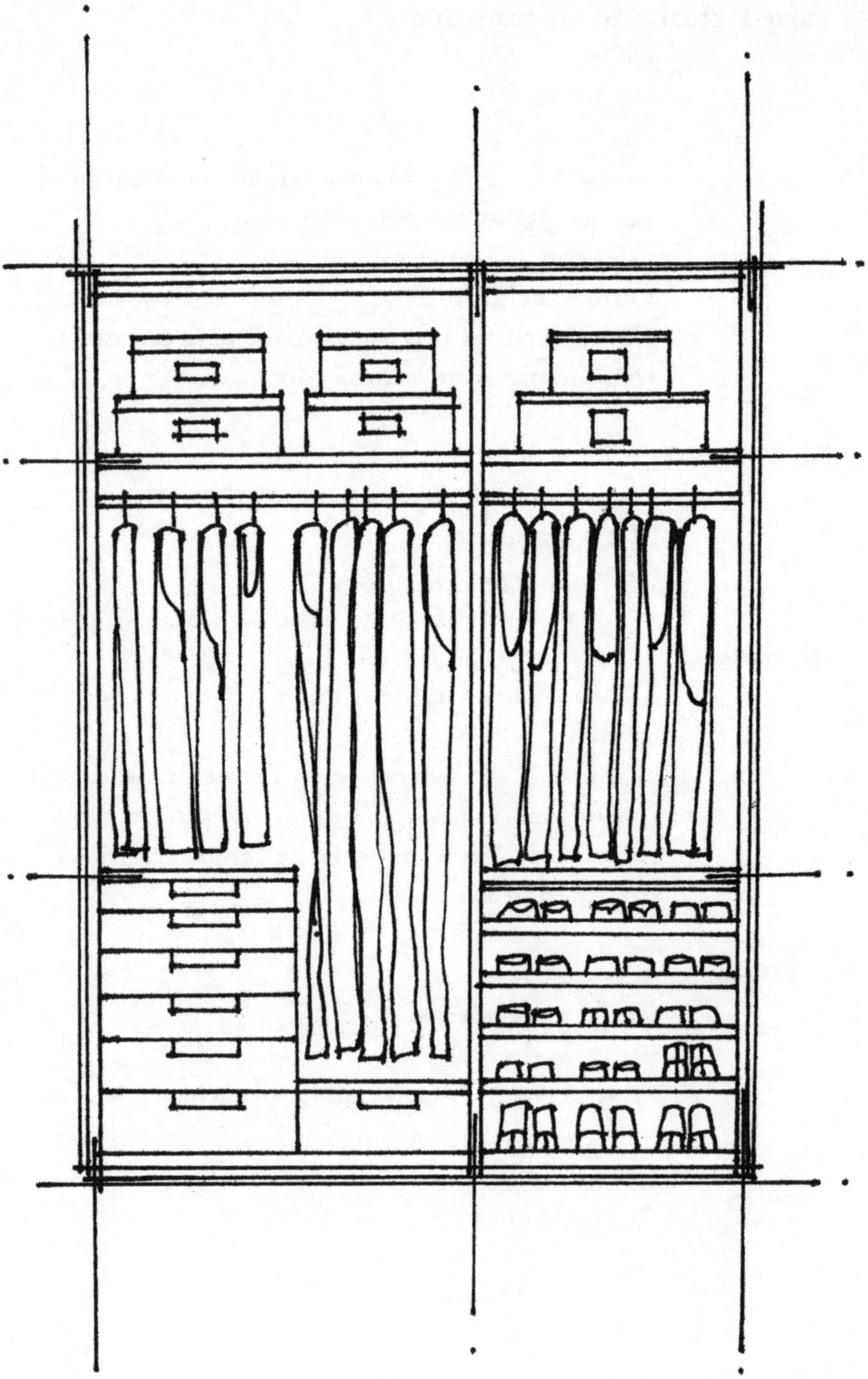

O CLOSET OU OS ARMÁRIOS

Vamos direto às roupas, que não é o mais difícil a se reunir e classificar, já que as peças exigem, por si mesmas, uma forma diferente de serem guardadas — roupas de cabide, roupas de dobrar, peças íntimas, sapatos, bolsas etc.

Ainda assim, é um setor bastante complexo, uma vez que cada grupo tem muitas possibilidades de classificação dentro do seu grupo e de acordo com o uso dado à roupa, o que se estabelece conforme a vida de cada um. Trata-se de um ótimo exercício para esclarecer o quanto antes um dos aspectos fundamentais na organização da casa: discernir função x utilidade.

Uma vez arrumei todo um closet me baseando nos critérios mais óbvios, já que a cliente não estava presente naquele momento. Quando ela chegou e me perguntou onde estava a roupa do dia a dia, mostrei as calças jeans, camisas e camisetas básicas etc. Ela se surpreendeu e me disse:

"Mas a minha roupa do dia a dia é a de ginástica, porque faço duas aulas de balé por dia, duas horas de musculação e alongamento!"

Ali eu aprendi que uma das questões básicas antes de se começar a alocar qualquer coisa é saber como se vive o dia a dia da casa, inclusive o dos donos. Se o marido trabalha de terno — ou de sunga? Afinal, ele pode ser um professor de natação!

Classificar prioridades é a base de qualquer organização, o que vai se repetir por todos os setores da casa. Se no dia a dia da casa se usa o faqueiro e a baixela de prata, o material de manutenção tem de estar à mão, porque em dias úmidos a prata escurece literalmente da noite para o dia!

Parece óbvio, mas o conceito de organização tem que estar diretamente alinhado à arrumação e à manutenção da casa, para que o efeito desse ajuste nos traga agilidade para o uso e nitidez do conteúdo de cada setor do armário, facilitando a rotina dos moradores.

Cada espaço precisa oferecer isso. Organizar é uma coisa, arrumar é outra! E essa clareza inibe e previne a bagunça que pouco a pouco vai se instalando. A cada vez que as roupas são usadas, vão ser lavadas e passadas. Tudo deveria voltar, com facilidade, para os seus respectivos lugares, de maneira quase óbvia.

Quando vou organizar uma casa, é quase uma rotina a quantidade de roupas que me dão para guardar, justamente as que "acabaram de ser passadas". Sei que não é verdade, porque as roupas nem quentes chegam. Sei também que é o *medo* de guardar errado ou preguiça de pensar onde aquilo vai caber!

Exemplo: se reunirmos todas as calças jeans, uma pessoa, por mais descuidada que seja, não vai ficar à vontade de colocar entre elas uma calça de moleton ou lã, ou mesmo uma saia.

Nas vivências que tenho tido, pude comprovar que mesmo depois de me afastar por alguns anos de um lugar onde já foi implantado um *sistema* — o daquela casa! —, tudo que ficou bem definido não foi só respeitado: foi também mantido, por ser a maneira mais prática para todos os que usam os armários. Seja o dono do armário ou a pessoa que mantém o armário.

Temos a tendência de usar a Lei do Menor Esforço... Portanto, é bom que criemos um *método* bem básico, porque o que interessa em tudo isso é clareza e funcionalidade.

Para se poder organizar um armário de roupas com o melhor aproveitamento de espaço, de modo a acomodá-las adequadamente — tanto para a roupa como para o seu uso —, mantendo a impressão de um lugar organizado, nítido, limpo, temos que antes de mais nada classificar a roupa a ser armazenada.

É preciso ter uma
quantidade de coisas que
se mantenham em uso, ou
teremos que dar a
manutenção correta,
começando por ter um
espaço adequado para
cada item.

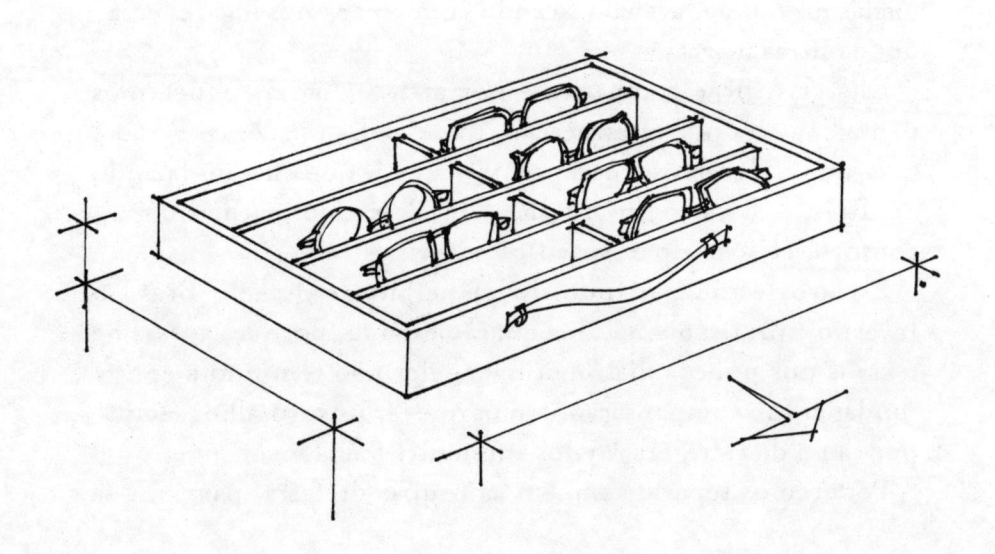

Já chegamos à conclusão de que precisamos de um certo alinhamento nas alturas — comprimento das roupas a serem penduradas — para, então, podermos aproveitar espaços. Isso nos obriga a pensar na roupa por artigo.

Exemplos: camisas, blusas, blaisers, jaquetas e conjuntos com saias curtas — como tem mais ou menos a mesma medida na altura, costumam dar o mesmo alinhamento e ficarão muito bem situados se forem colocados na barra que fica acima das calças/bermudas e saias curtas avulsas. São exatamente os artigos que se usam conjugados, e por isso o ideal é que estejam no mesmo setor.

Agora vamos pensar nas roupas com comprimento médio, tal como vestidos curtos, batas e túnicas.

Só faltam as roupas de comprimento longo: saias compridas, vestidos compridos, conjuntos de calças e ternos. Procuro colocar os ternos com as calças penduradas pela bainha ou pelo cós — como as saias —, porque materiais como as microfibras e os linhos escorregam muito; caso contrário, além de desarrumadas no cabide, acabam ficando com vincos nos lugares errados e outras marcas.

Esta classificação é básica e por artigo. Agora, poderemos pensar na segunda classificação, que é pelas estações — verão e inverno. Poderemos separar o inverno — já que estamos falando em Brasil — do armário do dia a dia, deixando o armário mais confortável, arejado e espaçoso.

É claro, estou partindo do princípio de que no Brasil o inverno é praticamente uma estação extinta, porque, apesar de termos uns poucos dias bem frios, eles não têm muita continuidade. Em compensação, temos que ter uns agasalhos sempre por causa da refrigeração dos ambientes fechados.

Poderemos separar também as roupas de festa, para que se

possa dar mais qualidade à maneira como guardamos essas roupas, as quais, afinal, são mais frágeis, são as mais caras e as que ficam mais vistas, e por isso são as que menos repetimos e, portanto, as que menos usamos.

É importante considerar o seguinte: tudo que usamos menos nos dá mais trabalho para ser mantido. A roupa mais saudável é exatamente a que mais se usa. Como tudo numa casa, o ideal é que esteja em uso, em movimento. É a melhor maneira de se manter as coisas: usando-as!

Os sapatos e as bolsas, se puderem ficar em um mesmo setor ou perto, será ideal. Como são normalmente de couro ou material similar, salvo algumas exceções, deverão receber o mesmo tratamento na hora de manter — limpando com pano ou escovando.

Eles também vão *fabricar* os mesmos *bichos*... Mais adiante, vou falar em mofo, fungos, ácaros e bactérias, que estão diretamente ligados aos materiais que misturamos e que, ao ficarem guardados, abafados, muitas vezes sem luz natural, acabam sendo foco de colônias desses bichos.

Apesar de precisarmos proteger algumas bolsas para a boa conservação, os sacos de pano nos impedem de ver o que está dentro, o que é um incômodo para muitas pessoas que precisam de agilidade no dia a dia. Mas são os que melhor protegem e podem ser lavados para a boa higiene dos armários.

Ainda não consegui encontrar uma maneira ideal de guardar as bolsas. É claro que se tivermos espaço bastante para as diversas formas de bolsas com direito a variações de moda, ótimo. Teremos bolsas guardadas penduradas, outras em pé, umas murchas e outras com enchimento — até agora não temos os saquinhos de ar tão adequados, que não estão à venda no varejo. Enfim, o capítulo "Bolsa" tem bastante assunto para se aprimorar.

Muitas vezes, precisamos arrumar tudo nos lugares para

Resolvi ser compulsivamente organizada.

Maitê Proença

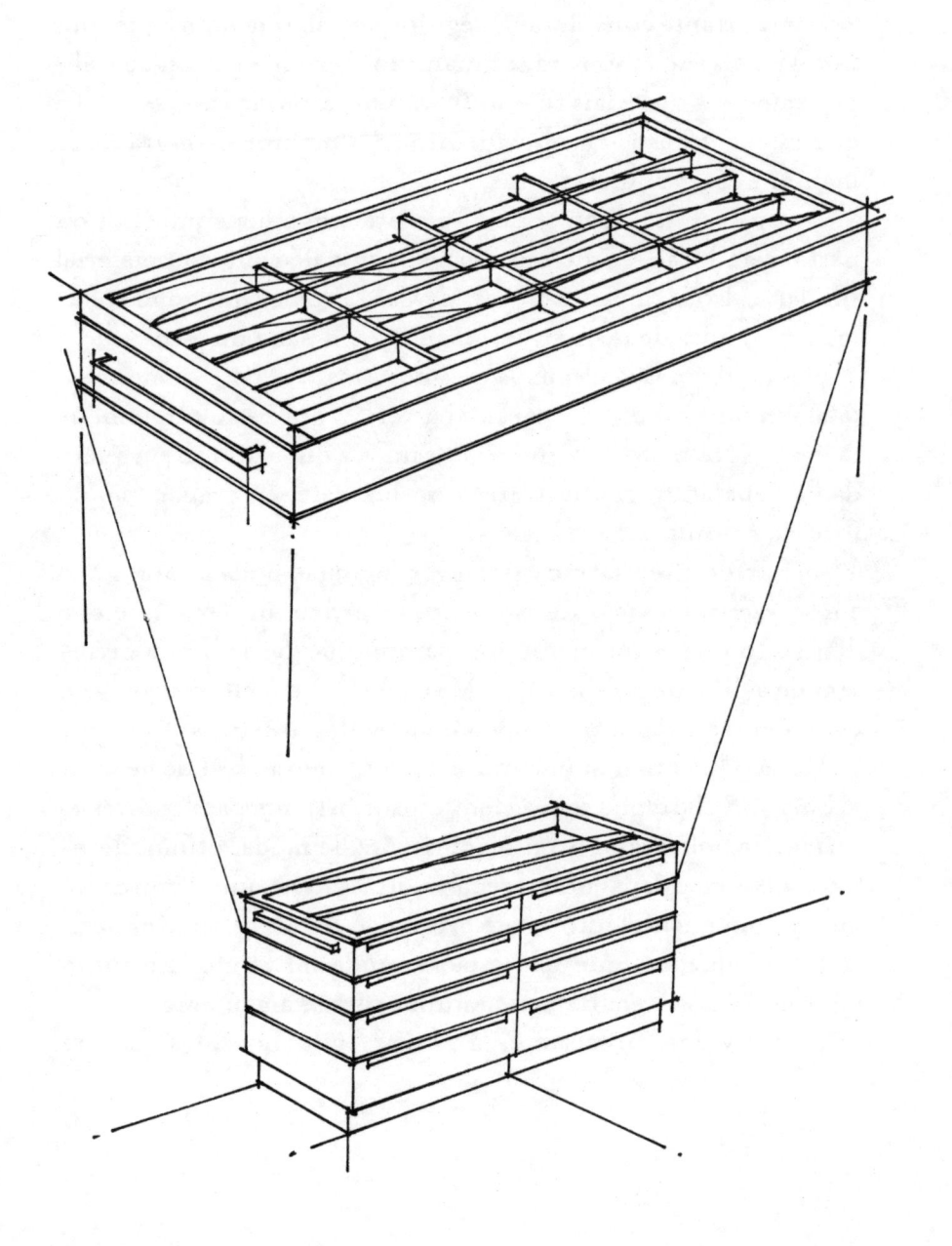

podermos ver os *blocos* e então ajustá-los ao que parece ser o ideal nos mínimos detalhes. Outras vezes, é necessário viver um pouco a arrumação implantada para se poder avaliar se o conceito que ficou instalado está funcionando. Às vezes, chegamos à conclusão de que o melhor era justamente o contrário. O armário também tem seus paradoxos!

Finalmente, depois que tudo está setorizado, desde as roupas, sapatos e bolsas, até os acessórios (lenços, echarpes, as pashiminas e os xales, cintos, óculos e caixas de óculos, acessórios de bolsas, tais como carteiras, porta-moedas, bijuterias etc.), vamos observar o que ficou faltando ou o que se gostaria — ou mesmo que se faça necessário — guardar no armário.

SOBRE DOBRAR E ENROLAR

Escuto muito as pessoas falarem em cores e dobras ou rolinhos. Sempre que alguém me pergunta se eu enrolo as toalhas ou qualquer outra coisa, eu brinco e digo que simplesmente *não enrolo*. Não sei enrolar... Perder tempo para que os rolinhos fiquem todos bem uniformes e esclarecendo quem são é tarefa para chinês! Perfeição e paciência! Duas virtudes em extinção.

Na correria da vida, tudo que fazemos acaba saindo mais ou menos, apesar de buscarmos e apreciarmos excelência. E digo isso de verdade, porque enrolar qualquer coisa, salvo para efeito de cena, não é o tratamento mais adequado para se guardar uma roupa.

Sempre que alguém me pergunta se eu envolo as toalhas ou qualquer outra coisa, eu brinco e digo que simplesmente não envolo. Não sei envolar...

É a melhor maneira de se manter as coisas: usando-as!

Vamos lembrar que lojas não servem como exemplo de armário, porque a roupa que ali está não *mora* ali. Está de passagem até que alguém a compre e a leve para casa... Portanto, não passa de uma maneira decorativa de se apresentar as peças; não passa de um cenário, e como tal não é para ficar guardado daquela forma toda a vida que a peça existir.

Depois que tudo estiver reunido, classificado, pendurado devidamente, no cabide adequado, poderemos classificar as peças dobradas que poderão ter a dobra de acordo com o tamanho da gaveta ou prateleira, ou mesmo da forma habitual de cada um. É aí que o espaço disponível tem que ser estudado, para que possamos ter o melhor aproveitamento. Se é de lado, ou de frente, quantas pilhas e quantas peças por pilha os espaços permitem fazermos?

Costumo dizer que quem manda no espaço somos nós, mas temos que negociar até conseguirmos a funcionalidade que buscamos.

OS CABIDES, AS CAPAS

Muita gente me pergunta: "Qual é o cabide ideal?" Não existe um cabide ideal. Existe o cabide ideal para cada um.

O cabide depende do tipo de roupa que a pessoa tem, depende do tamanho do ombro da pessoa, do tamanho do armário, das alturas das roupas que se possui, das alturas que se dispõem no armário, enfim, depende de uma infinidade de detalhes que podem ser avaliados, e assim encontraremos o cabide ideal.

Cabides de madeira são bonitos, defendem a roupa porque, como tem uma espessura maior, o espaço entre as roupas também fica maior. Só que a extensão do tubo onde se penduram os cabides também tem que estar de acordo com a quantidade de roupas de cabide, porque senão fica impossível movimentá-los.

É o tubo e a espessura do cabide que vão determinar a quantidade de peças penduradas que vamos poder colocar.

As lojas dimensionam a quantidade de roupas que querem expor de acordo com a extensão dos tubos de que dispõem e a espessura dos cabides, e como as roupas não se acumulam ali, eles podem controlar as roupas expostas lindamente nesse cabide de madeira.

Também é comum que as pessoas argumentem que esses cabides de loja estragam suas roupas. É preciso considerar que essas roupas passam pelas lojas. Espera-se que elas estejam ali por pouco tempo e por isso não chegam a se estragar.

O conceito de loja é muito diferente de um armário, sobretudo se você trata bem das suas coisas e, por conta disso, elas duram muito. Portanto, o cabide para uma roupa viver num armário é diferente de uma roupa que passa por uma loja até que alguém a compre ou mude a coleção.

Normalmente, pessoas pequenas não devem usar esse padrão de cabide de madeira, que é muito usado pela hotelaria, por ter um tamanho médio. Estarão forçando os ombros e formando aquele chifre de que a gente não gosta... Por outro lado, uma pessoa que tem ombros largos não deve usar um cabide menor, porque esses chifres estarão aparecendo antes dos ombros.

Existem roupas que sofrem nos cabides e existem cabides que fazem a pessoa sofrer a cada vez que o cabide se enrola nas alcinhas, as quais são colocadas para justamente não deformar as roupas.

1.

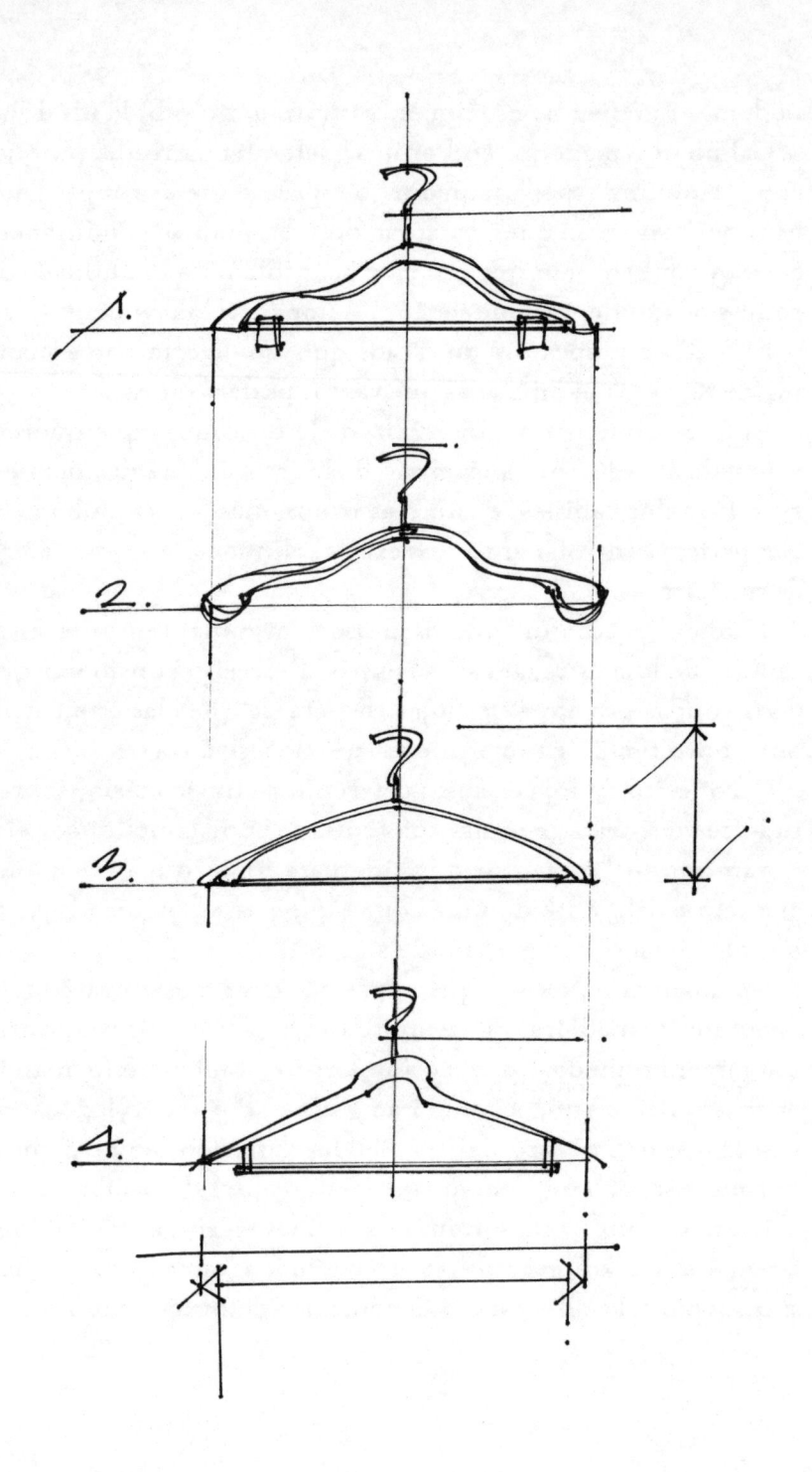

2.

3.

4.

Enfim, já deu para perceber que essas sutilezas devem ser reconhecidas por quem arruma um armário, e desta forma é necessário usar o bom senso ou buscar orientação para quem quiser manter suas roupas em ordem ao longo da vida.

Há cabides acolchoados que podem proteger as roupas mais delicadas, porém, quando colocados no armário, reunidos à sua classificação, muitas vezes perde-se a homogeneidade.

As presilhas que podem ajudar a pendurar as saias e calças — que escorregam ou que a gente quer que sejam penduradas ao comprido — também têm o inconveniente de esbarrarem umas nas outras, além de marcarem o cós, mas nada que seja tão danoso ou que não tenha solução colocando-se desde um lenço *yes* até um pedacinho de couro antes da presilha beliscar a roupa.

Podemos também pendurar essas peças mais delicadas aos pares, de modo que as duas partes de trás fiquem "beliscadas" juntas, marcando, assim, só a parte de dentro da roupa.

Enfim, pode-se perceber, por todas essas situações, que a escolha do cabide ideal tem muitas considerações, e vai depender inclusive do que se quer investir em cabides, porque é claro que um cabide de madeira tem custo diferente de um cabide de plástico.

Sempre considero a escolha dos cabides uma etapa importante do trabalho de reorganizar ou melhorar um armário. Até porque há pessoas que têm cabides misturados, mas que às vezes podem se completar aproveitando algum modelo que esteja de acordo, reaproveitando-se os existentes, e nessa seleção também já vai se fazendo uma logística no reaproveitamento e reorganização dos outros armários da casa.

Costumo salvar uma *família* de cabides para a lavanderia — se for o caso de ter cabides diferentes para essa função —, para os quartos dos funcionários ou para as crianças — que cresceram!

Os modelos de cabides são bem variados, mas costumam ter uma linha. Portanto, sempre vamos encontrar cabides adequados para camisas — aqueles que não têm uma cavinha para que se possa escorregar a camisa com facilidade. Há cabides para vestidos — que justamente tem a cavinha para reter as alças dos vestidos ou mesmo aquelas fitas que tanto incomodam!

Há cabides para calças — com barra para se colocar a calça dobrada pelo meio da perna; cabides com presilhas — ou pregador — para as saias e calças que ficam esticadas tanto pelo cós quanto pela barra das calças; cabides de paletós e de ternos, blaisers e jaquetas — que são anatômicos, guardando portanto a curva do pescoço e mantendo a lapela ou gola. Copiam, assim, a anatomia do corpo da gente; e, finalmente, os cabides bem mais grossos, que são adequados para *manteau* e casacos com ombreiras espessas.

Existem cabides bem curtos, isto é, que não perdem altura entre a parte de cima, onde se pendura no tubo, e a parte de baixo, onde tem a barra ou as presilhas. Esses cabides costumo usar como recurso quando encontro pouca altura entre o tubo e a base do armário. Uso para pendurar saias curtas ou até mesmo shorts.

Capas para roupas de cabide

É preciso entender que tudo pode ser recomendável desde que se aplique à situação. Capas de plástico são boas para se transportar a roupa. Protegerá, se houver situação de chuva ou qualquer acidente de percurso. Mas, para se guardar a roupa num closet ou em armários, recomendo que se use as capas de TNT, porque permitem melhor aeração e são laváveis.

Não existe um cabide ideal. Existe o cabide ideal para cada um.

Tudo que se guarda em plástico fica protegido da poeira. No entanto, em lugares onde há umidade e calor, vira mofo! Portanto, no Rio de Janeiro pelo menos, minha experiência é de encontrar tudo mofado. Manchas de mofo não saem. O mofo queima a roupa, tira a cor.

SOBRE SACOS DE SAPATOS

Costumo guardar os sacos também por *famílias* — a marca, a cor ou o tamanho —, distribuindo assim para cada ocupante da casa um dos modelos.

Dessa forma, além de não faltar na hora de cada um viajar e para estar à mão, a mala fica mais organizada. E dentro da mala, na viagem, já se sabe de quem é o sapato sem ter que abrir o saco.

Proponho que sejam guardados com o "Assunto viagem" — se houver — ou junto com os sapatos para quem faz viagens regulares.

Encontro tantos, e o tecido é de tão boa qualidade, que retiro os cadarços e ilhoses, e proponho fazer, dos de flanela, pano para limpar as pratas ou usar para passar produto que mancha ou que deixa o pano oleoso. Mas não deixe de retirar os cadarços e cortar fora ilhoses, porque eles riscam a superfície do que você vai limpar com eles! Reciclar é o lema!

As bolsas merecem ser guardadas nos sacos a que pertencem, mas muita gente prefere que elas não fiquem escondidas para ter mais agilidade e desejo na escolha. Sem dúvida, ver a bolsa dá mais vontade de usá-la.

SOBRE FORRAR PRATELEIRAS

Quando encontro num apartamento antigo as gavetas forradas de papel de parede ou tecido, sempre estão em mal estado de conservação. Com aparência de mofadas, amareladas pela cola, o que dá um péssimo aspecto, e, finalmente, cheirando a mofo.

Feltro nas gavetas de talheres é tão difícil de se limpar que, em vez de conservar os talheres, acaba fazendo o efeito contrário. São depósito de poeira e umidade, misturado com produto de limpeza e resíduo do produto de limpar as pratas. Pude observar que materiais menos absorventes e porosos são mais saudáveis, tanto para o que vai ficar armazenado ali, quanto para a limpeza regular dos espaços.

Limpar uma gaveta forrada de papel, é claro que não podemos fazer com pano úmido, pois vai tornar a limpeza mais superficial. Se houver qualquer fungo ou ácaro, não será removido, até porque a umidade faz com que as poeiras e outros bichos fiquem ali aderidos — vivos ou mortos!

Portanto, só devemos usar um material que traga algum benefício, além de ficar bonitinho. Por exemplo, há quem goste de babados e bordados. Dá um ar de cuidado, de *capricho*, de zelo. Mas tem que ser mesmo! Não é só parecer... Tem a vantagem de não deixar que haja atrito tanto na prateleira e na peça que vai pousar ali e... repousar! Às vezes, movimentando as pilhas ou peças de um lado para o outro, é confortável deslizar sobre alguma coisa que amorteça as peças que escorregam.

Também podemos forrar com um tecido lavável — um brim, por exemplo — e colocar velcro para que os panos não "andem" quando a gente acrescenta alguma roupa ou outro elemento ao armário ou às gavetas. Mas não vamos esquecer que tudo isso gera manutenção. Esses forros tem que ser lavados, velcro tem prazo de validade, papel tem que ser trocado, enfim... é mais um trabalho, uma manutenção a ser controlada.

Nas despensas, o melhor é ter prateleiras de mármore mesmo, ou uma alvenaria com acabamento liso. Até mesmo as fórmicas não resistem aos movimentos nessa área. Ficam lascadas na grossura das prateleiras e desmerecem a grande parte que deve estar em ordem. Mesmo que o encabeçamento (aquela frente da prateleira) seja de madeira, é preciso ter cuidado com os movimentos na prateleira: caso contrário, acabam comprometendo o aspecto em geral desse espaço.

É muito comum me pedirem para arranjar um forrador quando se está ocupando a casa nova, com *capricho* e à moda antiga. Depois, quando volto à mesma casa para uma outra temporada ou apenas uma geral de ajuste, verifico que já perdeu a importância diante do corre-corre da vida diária.

Me pedem soluções objetivas e eficientes para esse outro momento. E assim, eu mesma jogo tudo no lixo a pedido das mesmas que me pediram o forrador.

O romantismo acabou!

OS ORGANIZADORES, AS CAIXAS E AS CORES

Caixas

Caixas podem ser muito uteis em nossa vida. Como meio de transporte ou para dar um formato homogêneo a *setores* de uma casa e, com isso, a impressão de ordem no ambiente.

Aconselho esse recurso para guardar coisas ainda não definidas, mas, para que tenhamos uma função correta destinada à cada tipo de caixa, precisamos reunir, classificar e ver o que vai ser guardado, para então pensarmos como vamos guardar.

De antemão, garanto que caixas de papel são para guardados que ficarão por pouco tempo em algum lugar, porque, independente da qualidade do papel, a longo prazo, num país onde predominam a umidade e o calor, tudo tende a criar pontos amarelos ou fungos e mofo.

Aconselho as caixas de acetato (hoje são vendidas para guardar sapato), já que é um material usado para conservar fotografias — uma das coisas mais delicadas de se manter — e tudo que esteja relacionado à conservação de papéis. Dessa forma, podemos evitar o mofo, que se cria por meio da combinação de umidade e calor.

As caixas servem para:

Reunir algum assunto que se quer classificar, separar;

Facilitar o manuseio, porque a caixa traz o conteúdo de um espaço até você;

Facilitar a limpeza, porque você pode retirar a caixa e limpá-la em lugar confortável, enquanto o espaço que ela ocupa está sendo limpo;

Dar um formato homogêneo aos guardados, o que facilita a limpeza como um todo e dá impressão de ordem;

Podem ser empilhadas, aproveitar melhor os espaços onde isso é necessário;

E como recurso temporário, permitir que se tenha ideia do que se quer guardar e assim fazer um planejamento de um móvel mais definitivo.

Apesar de na minha função a matéria prima ser coisas, sou a primeira a desestimular as pessoas a guardarem coisas aleatoriamente. Acho que todos nós temos uma bagagem de vida que deve estar em ordem, para que se possa dispor e apreciar, e para que facilite a nossa vida, até mesmo numa decisão de se jogar tudo fora!!! Até para se jogar fora tem que estar organizado! Assim não corremos o risco de jogar fora papéis ou coisas que para nós tenham valor, ou que sejam úteis num futuro, que não nos pertence!

Já observei que as pessoas que ainda têm as coisas muito embaraçadas sentem medo de jogar fora alguma coisa de que possam se arrepender no futuro, ou algo de valor que esteja misturado por ali. Na dúvida, às vezes guarda-se tudo.

É comum encontrar papéis sem o menor valor, misturados com tantas outras coisas, como fotos, documentos e lembranças; e mesmo ações ao portador já achei nessas miscelâneas... Por causa disso, é improvável acreditarmos que nessas miscelâneas só existam coisas de valor afetivo, valor de memória, "Recuerdos de Pacaraí!"...

Se tivermos essas coisas, esses *recuerdos* um pouco desembaraçados, minimamente tratados e de maneira apresentável, além de criarmos memória — porque sem ela não temos história —, ao empreendermos uma faxina, haverá a certeza de estarmos descartando coisas que só ocupavam espaço, acrescentando mofo e tudo mais que se cultiva quando os guardados não apresentam qualquer critério.

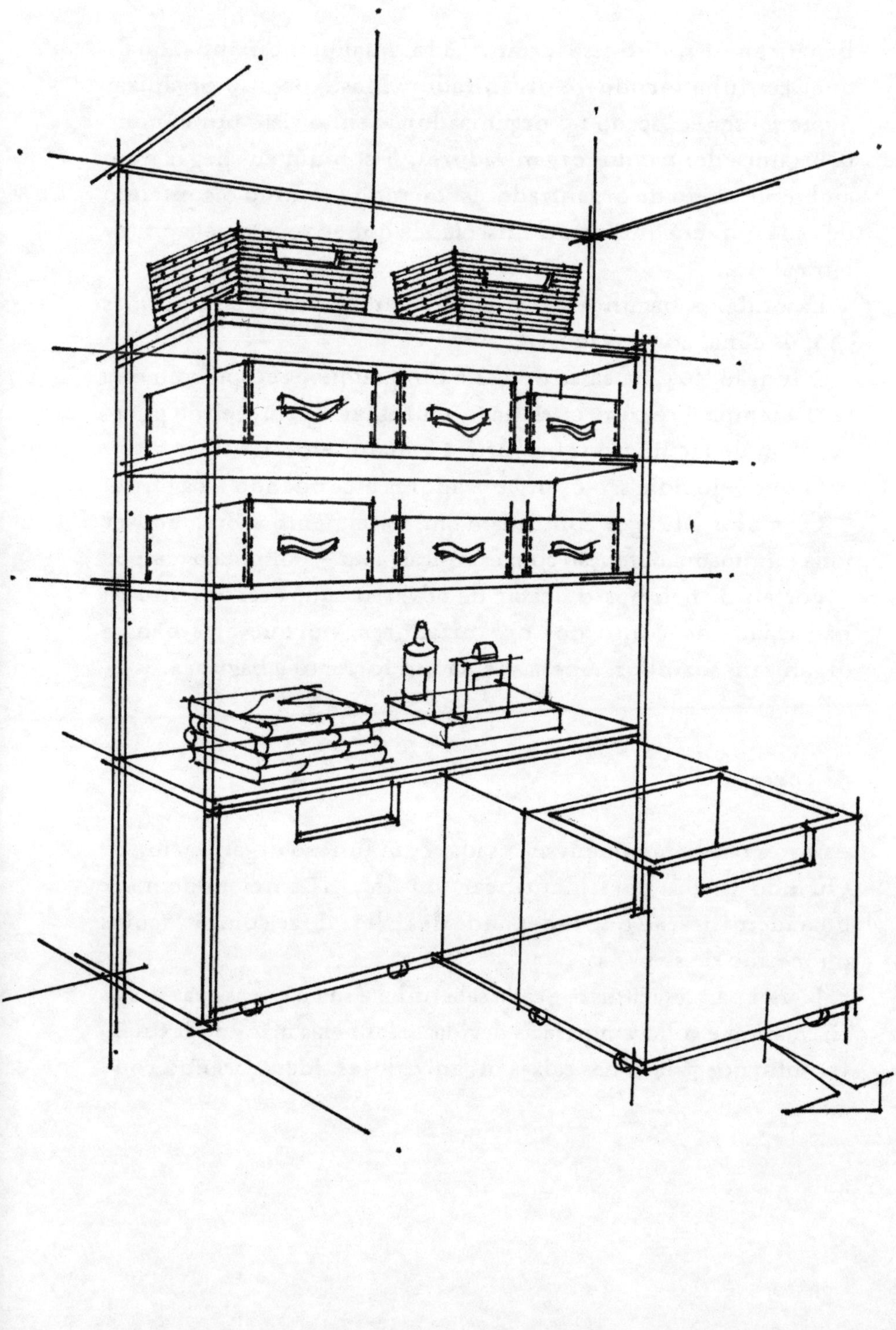

Os organizadores

Banalizou-se muito esse termo. Tudo, qualquer caixinha, qualquer cestinha tornou-se organizador. Mas é preciso organizar o que vai ser colocado no organizador. Tenho visto por aí muita bagunça dentro dos organizadores. É comum eu chegar num ambiente cheio de organizadores; quando examino o conteúdo de cada um, encontro uma miscelânea que se repete pela prateleira afora.

Esconder a bagunça é a melhor maneira de criar volumes inúteis e mal conservados!

A função de uma caixa ou cesta ou qualquer receptáculo que tenha tampa é reunir, classificar, empilhar e proteger da poeira, além de facilitar o transporte e o manuseio.

O que vejo hoje são os organizadores escondendo a bagunça.

Os mofos e fungos continuam em crescimento se não houver uma mínima manutenção com exposição à luz — por pouco tempo.

Portanto, não posso deixar de advertir meus caros leitores: não caiam no conto dos organizadores, porque eles não se organizam sozinhos. Apenas se dá um formato à bagunça.

As cores

As cores também podem ser usadas com função organizacional. Quando usadas para identificar um *setor*, as cores podem ser uma identificação que independe de se ler, de se colocar óculos ou mesmo de se pensar!

Já usei para escritório — cada sala tinha a sua cor e as suas pastas circulavam e voltavam para as devidas salas pelas mãos do faxineiro noturno; já usei nas caixas organizadoras, identificando rou-

O que vejo hoje são os
organizadores escondendo
a bagunça.

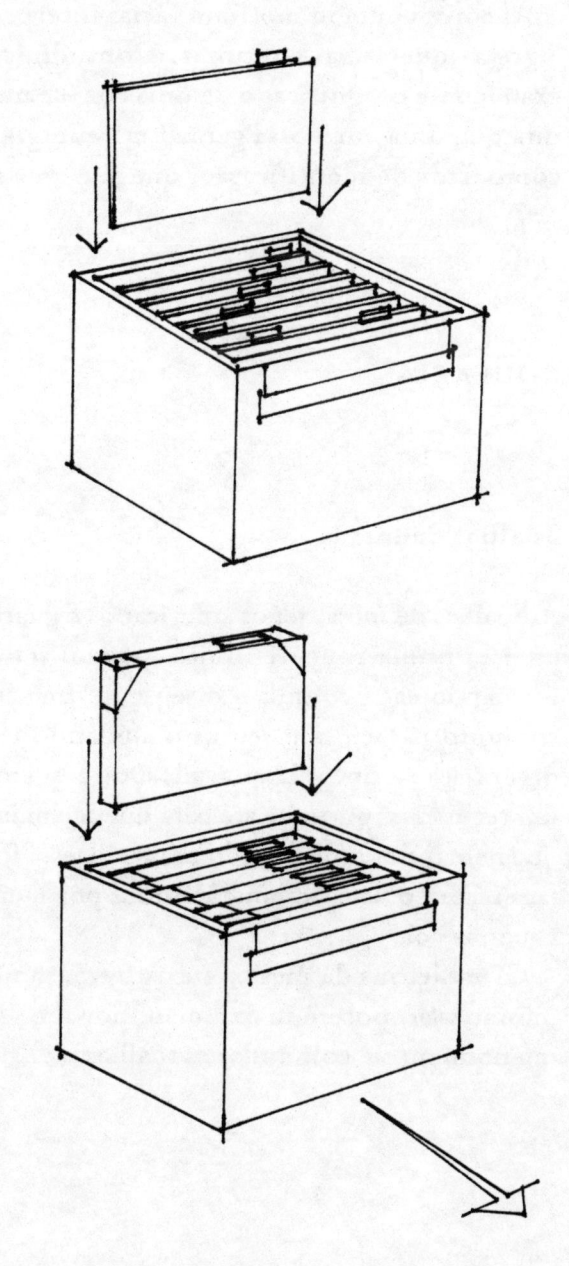

pinhas de neném; já usei em depósitos diferentes — de piscina, azul, e de jardim, verde, enfim, sempre invocando alguma coisa associativa para ficar mais fácil de pensar. E, obviamente, expliquei para os responsáveis essas associações de ideias.

As cores também motivam várias interpretações. Depende da "igreja" que se vai consultar. Contudo, mesmo não sabendo exatamente o significado de uma cor — e muita gente nem acredita que uma cor possa gerar uma energia —, podemos usá-las como fator de identificação, que já é uma grande alegria.

ROUPARIA

Toalhas de mesa

As toalhas de mesa, jogos americanos e guardanapos, mesmo que estejam numa rouparia única, podem ser guardados em sacos, formando cada conjunto o seu kit. Uma fita embrulhando um conjunto já facilita o seu uso, ajudando também a esclarecer a organização a novos empregados, ou a quem vai lidar com isso. É um recurso importante até para que sejam lavados juntos, mesmo que nem todos tenham sido usados. Dessa forma, quando desbotarem com o uso, desbotarão todos por igual. Estarão todos com a mesma cor.

Os moletons da mesa, se existirem, também podem ficar no mesmo *setor*, porém mais à mão, porque serão usados mais frequentemente — com todas as toalhas.

Muitas vezes a rouparia está muito cheia ou distante da sala de jantar e da copa, dificultando a eficiência e o prazer de se ter à mão as coisas na hora da correria, ou de se querer fazer uma mesa melhor, com mais requinte. Uma cômoda ou aparador que esteja no ambiente poderá ser a solução mais adequada, e assim distribuir melhor e dar mais conforto no manuseio.

E mais uma vez vem a dobra, que vai depender de onde será guardado o material em questão. A partir daí vamos poder encontrar a melhor dobra ou modo de guardar. Seja gaveta ou prateleira, sempre serão dobrados da mesma maneira, deixando sempre a ponta da toalha para cima — para que se possa achar a etiqueta, caso haja necessidade. Alguns fabricantes já estão colocando as medidas numa etiqueta que fica junto com a etiqueta de marca da toalha.

Roupa de cama

A roupa de cama acompanha o mesmo raciocínio.

Camas de solteiro fazem um tamanho diferente das de casal *standard*, que é diferente do tamanho *queen*, do *king* e do *Extra-king*! Não acho vantagem se ter tudo bonitinho, dobradinho do mesmo tamanho, com etiqueta e tudo o mais fingindo o mesmo tamanho, porque, se temos três ou quatro tamanhos diferentes, é mais simples que essa diferença se faça notar pelo próprio tamanho em que a peça termina dobrada.

Tanto para ensinar quanto para o outro aprender, considero mais fácil uma dobra clássica, quase óbvia, em vez dos origami — arte japonesa de dobraduras —, que ando encontrando criativamente por aí. Em áreas práticas, é melhor seguir o que é secular e funcionou até agora. Podemos apenas caprichar. Sempre que padronizamos a organização, evitamos buscar essas novidades, o que complica a vida de quem passa ou dobra.

Portanto, a conclusão final é: o melhor método de dobra é aquele que repetimos em todos os artigos e tamanhos, e que é o mais versátil, podendo se adaptar a qualquer tamanho de jogo de cama. Eis a fórmula que nos cabe encontrar para então transferi-la a quem vai fazer o trabalho e então... treinar! Treinar e verificar. Corrigir, treinar e verificar. E verificar, treinar e corrigir. À exaustão! É a repetição que vai nos dizer se está fácil, prático e eficiente. Se não estiver, o ideal não foi conquistado. Teremos que buscar outra fórmula. Talvez a contrária.

Para a boa saúde da rouparia, aconselho que se tire para uso a roupa que está por cima, recolocando-a depois de lavada por baixo da pilha a que ela pertence. Assim mantemos tudo em pleno uso, o que vem a ser a melhor maneira de manutenção das coisas.

Roupa de banho

As toalhas de banho devem ser dobradas, já prevendo a maneira de serem penduradas nos toalheiros ou dobradas nos *racks* ou bancos, facilitando a vida de quem vai trocar as sujas pelas limpas.

Apesar de existirem toalhas absorventes próprias para secar melhor o cabelo, tem gente que prefere usar toalhas de rosto com a mesma finalidade — toalhas de cabelo. Nesse caso, a toalha de rosto deve ficar perto ou junto da toalha de banho. Essas pessoas preferem também usar toalhas de mão como toalhas de rosto — porque são menores e podem ser lavadas mais amiúde e trocadas todos os dias. Os produtos de beleza engorduram e sujam com mais rapidez as toalhas de rosto, que são maiores.

Não acho vantagem se ter tudo bonitinho, dobradinho do mesmo tamanho, com etiqueta e tudo o mais fingindo o mesmo tamanho, porque, se temos três ou quatro tamanhos diferentes, é mais simples que essa diferença se faça notar pelo próprio tamanho em que a peça termina dobrada.

Pisos para o banheiro são de uso diferente de tapetes de banheiro. Os pisos devem ser dobrados de maneira diferente das toalhas de rosto, se guardadas com o conjunto, ou em pilha separada. Como são muito parecidos com as toalhas de rosto no tamanho, é comum encontrar toalhas de rosto sendo usadas como pisos e pisos pendurados como toalhas de rosto. Os pisos devem ficar dobrados, esperando para serem colocados no chão, na hora de sair do chuveiro — para estarem limpos. Observo que, se deixados no chão como tapetes, acabam muito sujos para serem usados depois do banho, quando pisamos no piso descalços.

Os tapetes mais grossos é que devem ficar no chão do banheiro.

AS ETIQUETAS VERSUS AS INFORMAÇÕES

Odeio etiquetas! Brinco que deixar etiquetas nas peças dá pena de morte ou prisão perpétua. Até nas roupas elas pinicam! Arranco tudo! Minhas unhas se tornaram verdadeiras espátulas!

E o pior, mesmo as etiquetas informativas me parecem inúteis. Jamais encontrei alguma coerência entre as etiquetas que estavam coladas nas gavetas ou nas prateleiras com o seu conteúdo. Isso, para mim, significa que a dinâmica de uma casa é mais ágil do que o que podemos controlar por meio de instruções.

Procuro fazer com que os armários sejam autoexplicativos, isto é: quando a gente abrir uma gaveta, o que ali está contido, além do lugar ser óbvio, que se defina por si só, sem que se precise explicar. Exemplo: a gaveta mais perto do banheiro, dentro de um closet ou um armário, deverá conter as roupas de baixo, assim como na copa, o lugar mais fácil e perto da mesa, deverá guardar os talheres.

Porém, uma coisa muito importante sobre informar: "Pior do que não informar, é informar errado!" Uma informação errada pode ser desastrosa quando queremos ajudar alguém a acertar um caminho...

E, finalmente, acho que o cérebro, assim como os nossos músculos, precisa trabalhar. Tirar conclusões, concluir, sintetizar é praticar. Praticar inteligência!

Quando as coisas estão claras, nítidas, é quase uma transparência. Não deve precisar de explicação. Organização é para dar eficiência, facilitar, e não para complicar ou criar mais trabalho e manutenção.

Isso sem falar na cola das etiquetas!! É alucinante o que precisamos tirar de cola e de sujeira que fica agarrada nas malditas etiquetas. São depósitos de bactérias, fungos e outros bichos, e todo o tipo de sujeira.

É algo que me faz lembrar de uma excursão de ônibus, a primeira vez em que fui à Europa. Uma guia italiana falava espanhol e, ao longo do caminho pelas estradas arborizadas, com aquela vista repousante, de vez em quando ela nos alertava pelo microfone, para informar a paisagem: "A la mana derecha, árboles; a la sinistra, árboles; adelante, la strada; atrás, la strada que se fue..."

Não é preciso colocar uma etiqueta numa pilha de camisetas brancas e escrever: "Camisetas brancas". Talvez fosse bom informar quando há diferença de mangas — curta e comprida —, o que também pode ficar claro quando colocamos o que é manga longa em outra prateleira.

Informar implica em classificar. E as classificações vão se tornando tão óbvias quanto dizer que um sofá é para sentar, que aquela mesa cheia de cadeiras em volta é para a hora de comer...

Brinco que deixar etiquetas nas peças dá pena de morte ou prisão perpétua.

Podemos colocar temporariamente as etiquetas, até criarmos os novos hábitos, mas se ficar de fato confortável, certamente as etiquetas perderão a função, deixando assim os interiores dos armários mais limpos e atendendo automaticamente aos seus movimentos do dia a dia.

Praticar inteligência, descobrir como se dobra uma coisa desdobrando outra que está dobrada no lugar, cuidadosamente, é o que estamos buscando como forma de treinamento mental, usando a criatividade e tendo a sensação de vitória quando acertamos. Se soubermos colocar uma pitada dessa atitude no trabalho doméstico, certamente ele vai ficar muito mais estimulante e menos ordinário, chato, como tudo que fazemos como um desafio.

Vejo gente muito orgulhosa de conseguir controlar e superar seus atropelos e em júbilo porque conseguiram com rapidez dispor de tudo aquilo que ficou sob controle, quando a burocracia de hoje nos exige tanta coisa, e ainda penaliza, se não nos organizamos.

PERFUMES, SACHÊS, VELAS E OUTROS CHEIROS

Minha mãe era do começo do século passado e sempre dizia que o cheiro da nossa casa era "cheiro de limpo!" E a roupa, "cheiro de sol".

É claro que antigamente não existiam perfumes de ambiente e muito menos as velas perfumadas, ou as que tiram cheiro de cigarro. Agora ainda existem as de citronela, que espantam mosquitos.

Alguns perfumes são, de fato, inebriantes, mas nem sempre agradam a todos os que moram na casa. Os que apenas frequentam até acham agradável, porém, quando nós moramos, nem sempre queremos entrar em casa e sentir cheiro de loja ou *mesmo daquela loja!* Há pessoas que até enjoam com determinados cheiros.

Encontro velas por toda a parte, principalmente nos banheiros, onde elas são muito úteis porque queimam os gases, mas muito raramente vejo os fósforos por perto... Muita gente não coloca os fósforos porque tem medo que alguém ponha fogo sem querer ou, quem sabe..., querendo! Portanto, essa função da vela fica prejudicada, e resta apenas a intenção de termos o perfume que elas exalam, mesmo apagadas.

Já os sachês podem deixar um cheiro delicado, suave, na roupa de cama.

Existe até a água de passar roupa, que imprime com o calor do ferro o "cheiro de limpo" – produzido –, o qual se perdeu nos secadores das áreas de serviços dos apartamentos e nas máquinas de secar. O *Passe Bem* é um recurso para passar a roupa sem muito esforço. Mas às vezes o cheiro de amaciante mesmo assim se mantém, deixando sua roupa com cheiro do produto.

Amaciantes também deixam as toalhas geladas e impermeáveis! – o contrário do que se espera, ou seja, que sejam absorventes! É um festival de cheiros industrializados que vão impregnando a casa sem que se perceba.

Ontem mesmo fui colocar minha camisola e estava com cheiro de sabão – em pó! Logo, para quem quer ter uma fragrância, um perfume que caracterize a sua casa, aconselho que antes de mais nada neutralize o ambiente, limpando-o de maneira isenta, sem cheiro, para depois escolher uma fragrância e sair pela casa perfumando tudo com o mesmo cheiro, ao menos por uma temporada.

Desse modo, sua casa terá um cheiro característico, e uniforme.

Há quem goste do cheiro purificador da cânfora. Eu, por exemplo, adoro! É um perfume que me dá a sensação de limpeza, de pureza, além de conter a propriedade de espantar as traças e outros comedores de roupa.

Antigamente se usava muito naftalina, que já tem um cheiro mais enjoativo e também espantava os bichos. Mas ela ficou associada a cheiro de coisa velha, justamente por ser conservadora do que se queria guardar. Hoje, não vejo as pessoas dispondo de naftalina para conservar. Imagino que, de fato, seja por conta do cheiro – enjoado mesmo.

E como hoje tem aquela infinidade de desinfetantes com as mais variadas essências e seus perfumes, que inclusive nos lembram os sabonetes, vejo muita gente limpando armário de roupa com esses produtos multiuso porque têm cheiro disso ou daquilo. E nisso está contida a inadequação, porque, afinal, madeira não pode ter o mesmo tratamento que placa de fórmica e muito menos de uma pedra-mármore.

Portanto, fica aqui minha sugestão de que perfumar é imprimir um cheiro bom que caracterize ou traga alguma sensação agradável. É do campo sensorial. Cheiro pode ser bom ou ruim, mas para limpar seria mais adequado usar o que é recomendável a cada item. Madeiras — sem verniz! — e couro pedem um produto levemente oleoso, para mantê-los hidratados, como fazemos com a nossa pele.

Se depois você quiser aromatizar o ambiente, é nas coisas mais absorventes que se imprime o perfume — tecido, folhas secas, flores artificiais —, e ainda hoje existem os difusores de madeira, que são vendidos com as fragrâncias, e estão in natura, justamente para estarem secos e absorverem aquela essência que de maneira geral é levemente oleosa, evitando a rápida evaporação do produto.

O QUARTO, A CAMA E AS CABECEIRAS

Os quartos de dormir

Imagino que os quartos de dormir se chamam assim porque existiam outros quartos numa casa para se fazer as outras coisas: quarto de leitura, quarto de vestir, bem como sala de banho, sala de visitas, sala de estar, enfim, cada cômodo de uma casa tinha sua função. Até os quartos de serviços eram separados por função: quarto de engraxar as botas, quarto de fazer cera etc.

Vejo o quarto de dormir como um lugar de repouso, de paz, quase sagrado. É onde entramos para dormir o sono dos justos e, portanto, devemos deixar guardados os trabalhos e os afaze-

> *O quarto deve ser tratado como um Laboratório de Descanso da Alma.*

res em outro lugar ou descansando também, em algum lugar nesse quarto mesmo.

Mas os espaços foram diminuindo, e com eles, o número de quartos. Hoje o conceito de vida mais prático é de se morar num *loft* – num espaço único separado pelas funções da casa, que se caracterizam pelas peças que compõem o ambiente. Porém, mesmo sendo assim, temos que ter uma cama, um apoio de cabeceira, um lugar onde alguém que nos visite quando estivermos na cama – mesmo com saúde! – possa sentar.

É no quarto que muita gente gosta de ver TV, outras gostam de ler. Então, essa cadeira deve ser confortável para que se tenha conforto no quarto.

Além disso, acho sempre bom ter uma lixeira num lugar estratégico, porque, com a quantidade de papéis que nos assaltam, um lixo à mão sempre será necessário para nos desembaraçar – ticket de estacionamento, recibos de caixa eletrônico, panfletos, notas fiscais inúteis, enfim, não falta lixo!

As cabeceiras

De acordo com as suas necessidades, é preciso que o apoio da cama contenha todo o suporte para o sono, ou seja, a hora de dormir. Podem ser necessidades de antes de dormir ou mesmo de durante a noite, até porque há os que não dormem facilmente e precisam ter seus suportes!

Aproveito sempre as cabeceiras, quando elas têm gavetas, para também colocar as coisas de fé — santos, preces e outras proteções ou rezas —, assim como outras delicadezas, que sempre é bom termos perto da gente, tais como diários, agendas, livros de cabeceira, aqueles que a gente carrega para onde for porque gostamos de reler.

Os celulares e seus acessórios também podem ficar nessa área, pois ela é um lugar reservado, onde temos direito de esconder os carregadores e outros que estão sempre sumidos quando precisamos, além de outros segredos e tesouros que fazem parte da vida da gente.

E se você tem uma estante no quarto, dê preferência aos livros mais doces [ou os que mais requerem intimidade], tais como os de poesia, filosofia, psicologia, leituras que alimentam a alma e trazem amor. Nessa estante também podem ficar os livros ainda não lidos, os projetos de leitura. Quem sabe durante o sono eles vão entrando na gente! É quase uma medida de *feng shui*!

Aliás, eles — os *feng-shuistas* — aconselham que não tenhamos espelho no quarto! Dizem que confunde a nossa alma quando à noite ela sai para passear. O meu, eu cubro com pano!

Os quadros, apesar de arte não ter função, seguem o mesmo princípio de se ter figuras ou cores suaves e adequadas ao ambiente. O quarto deve ser tratado como um Laboratório de Descanso da Alma.

É bom ter água na cabeceira. Além de servir para matar a sede sem precisar sair da cama, muita gente toma remédio antes de dormir ou logo quando acorda. Para que essa medida não estrague a sua cabeceira com o copo suado, coloque um pratinho ou um porta-copo que more ali sempre — com ou sem o copo! —, de modo que você não precise levá-lo à cabeceira a cada noite.

Aconselho também que o copo seja o mesmo, e de cor ou modelo diferente dos outros, para ele não se misturar com outros ao ser lavado. Esvazie sempre o copo ao acordar — uma medida de limpeza da alma!

Acerca da TV e do som, se existirem no quarto, tenha apenas os acessórios e utensílios necessários e do momento. Filmes que você já viu, guarde em outro *setor*. Não faça do quarto um depósito de coisas já vividas.

Outro conselho que faço: caso você tenha, no quarto de dormir, fotos em porta-retratos que sejam de pessoas queridas e vivas. Não sei explicar exatamente o porquê, mas acho que um dia alguém me deu uma boa razão para agir assim e deu certo. As pessoas da casa ficaram mais em paz, e eu tomei isso como medida e até agora ninguém reclamou. Ao contrário! Memória, álbuns e outras lembranças devem ficar no escritório e guardados de maneira nobre.

Quanto à rotina de limpeza e troca de roupa de cama e banho, evidentemente que é o lugar de maior respeito da casa — pelo que se vive ali e por ser um *território* onde é preciso haver maior cuidado com as alergias. Travesseiros, edredons, tapetes, perfumes de ambiente, tudo isso precisa estar profundamente limpo e de acordo com os alérgicos ou não alérgicos que usam o quarto.

Falo das alergias com essa ênfase, porque o mundo está alérgico! E as reações alérgicas mais corriqueiras são à poeira, à sujeira, a perfumes, a pelo de bicho, e até à luz já vi gente alérgica, que começava a espirrar quando se abria qualquer cortina. Pensei, então, que era a poeira das cortinas ou mesmo o tecido, mas não era. Tiramos as cortinas e os espirros continuavam. Era a luz mesmo que a fazia espirrar. Quando vi isso acontecer ao sairmos de uma garagem escura e encontramos o sol de fora, não tive dúvidas!

Portanto, tudo, absolutamente tudo, deverá estar limpo. E a frequência dessa limpeza e troca de roupa de cama e banho vai depender do bom senso. O mínimo ideal numa casa é se ter três jogos de cada coisa. Não importa quantos jogos de lençóis você tenha em uso, o importante é mantê-los limpos, trocando apenas as fronhas quando necessário. É comum se fazer isso porque os cabelos, assim como o rosto, trazem muitas impurezas para os travesseiros e ainda há os produtos dermatológicos que mancham tudo.

Desse modo, a cama fica sempre com cara de nova, fresca, convidando ao acolhimento. Quem não gosta de deitar numa roupa de cama limpa?

A cama

O colchão também deve ser aspirado e virado com frequência por conta dos materiais que moram ali dentro. Por mais nobres que sejam, além da aeração dos movimentos do nosso corpo nele, precisam ser aspirados já que não temos acesso direto ao seu interior. Portanto, não é nada de mais aspirá-lo ao menos uma vez ao mês e virá-lo, de acordo com as instruções de uso do colchão.

Os protetores de colchão que hoje são vendidos ajudam a evitar as manchas. Se cuidarmos do colchão um mínimo, vai durar muito e com bom aspecto.

Não se esqueça de que é dormindo que a gente recupera o corpo, a alma e as energias; logo, a qualidade desse sono vai dar o tom do dia seguinte!

Os travesseiros (de plumas sintéticas ou não) podem ser aspirados quando colocados dentro de um saco, colocando-se a boca do aspirador no saco e fechando-o em seguida, para que ele — o travesseiro — seja *sugado* até encolher ao máximo. Você também pode sacudi-lo após deixá-lo ao sol por uns vinte minutos, se sua casa permitir tal procedimento. Os de látex ou espuma não devem ir ao sol. A bem dizer, só não se pode deixá-los cozinhando no sol. Ainda existem os protetores de travesseiros para deixá-los com uma *cara boa*, além de limpos!

Edredons também precisam ser aspirados e suas capas trocadas com a mesma frequência — ou quase a mesma! — dos lençóis.

Já os cobertores, se forem sintéticos, esses deliciosos de *fliss*, podem ser lavados normalmente, mas os de lã virgem ou cashemere, acho que só a seco, e olhe lá! Vi cobertores lindos virarem verdadeiros trapos, porque nem como manta serviriam...

Os tapetes devem ser aspirados com rigor, assim como os rodapés — que devem ser higienizados com pano úmido limpo! — depois de aspirados. E se você tem bicho de pelo, não deixe de dar mais atenção à limpeza. Gatos soltam um pelo muito fino, que só sai com escova ou aquele rolo que cola o pelo. Programe lavá-los, se for o caso, com regularidade.

Para quem deixa o cachorro ou o gato dormir no quarto, é bom ter uma manta de fácil lavagem no pé da cama, de modo que ele possa ser trocado regularmente, supondo que os bichos usem o pé da cama para ficar com você. Além, é claro, da cama deles, caso durmam no seu quarto.

Flores no quarto já sabemos desde o ginásio, nas aulas de Ciências, que não é bom.

Não deixe que sacolas, pendências, papéis se acumulem no quarto tirando o seu sono sem que você perceba. A casa pode ter um lugar de espera — que dou o nome de "caixa postal" —, onde você poderá acumular essas coisas por fazer sem que elas o atormentem ou que você a toda hora fique vendo e se cobrando por não tê-las feito, até o ponto de esquecê-las. Eu as chamo de *verrugas*, que incomodam, não fazem bem e ainda são feias, mas a gente convive com elas...

O ESCRITÓRIO COM SEUS PAPÉIS E OUTROS BICHOS

Arquivo, memória, manuais, notas fiscais e tudo o que nos enlouquece deveria morar no escritório! E tudo deveria ser selecionado e identificado com muito rigor.

Considerando que, assim como a gente perde as coisas no computador porque não se colocou o nome certo — a *key word!* —, sofremos perdas iguais nos arquivos do mundo real! Se você arquivar um papel na pasta errada, seja por acaso ou porque pensou errado, só vai encontrá-lo quando estiver procurando alguma outra coisa e vai dar gritos de raiva de tanto que procurou um comprovante e não o achou! E por causa dessa desorganização, perdeu um dia de vida até tirar uma segunda via!

Uma vez, eu e Vera Maria — minha sócia na época — fomos procuradas por uma pessoa que nos pedia para organizar uma quantidade absurda de papéis misturados em pilhas, depois de ter tido que pagar duas vezes os IPTU dos seus imóveis, por ter perdido os comprovantes. Como naquele tempo a prefeitura não estava informatizada, os donos de imóveis eram os fiéis guardadores dos comprovantes de pagamento. Ela, justamente por ter vivido essa experiência, queria organizar aquela papelada para poder criar um método, um sistema eficiente para guardar o que era importante, despachar o que precisava ser pago ou feito. Buscava uma maneira prática e fácil de manejar tudo isso sem que ela tivesse de fazer um curso de arquivista ou nos chamar a cada mês.

Mesmo com o mundo informatizado, ainda vejo pessoas perdendo seu precioso tempo procurando comprovantes pelas mais variadas razões. É o que mais escuto hoje como problema. Amigos e inimigos me pedindo socorro por causa dos papéis! O que guardar, como guardar, onde guardar, até quando guardar, enfim...

Minhas respostas se limitam a confortá-los, porque depois da informática, ao contrário do que se pensa, os papéis em geral cresceram muito! Acho que se multiplicaram. As impressoras facilitaram e sofisticaram as cópias e impressões. Os convites, as malas diretas, as cópias não aprovadas, as xerox das xerox, e assim todo mundo vive se afogando em papéis, sem o menor tempo ou critério para se livrar deles.

Sem falar nas papelarias. Lindas! Cheias de graça, nos convidando ao consumo com a infinidade de acessórios e instrumentos para se fazer um monte de coisas, e que ninguém tem tempo de fazer. *Scrapbook*, álbuns de fotos, pastas para arquivos das mais variadas formas e cores, lápis com humor, cartões encantados que nos convidam a colecionar! E haja lugar para tudo isso!

E sem ainda falar nas fotos e nos obsoletos CD – de que muita gente não quer se desfazer! E ainda os DVD! Tudo isso é uma

Mesmo com o mundo informatizado, ainda vejo pessoas perdendo seu precioso tempo procurando comprovantes pelas mais variadas razões.

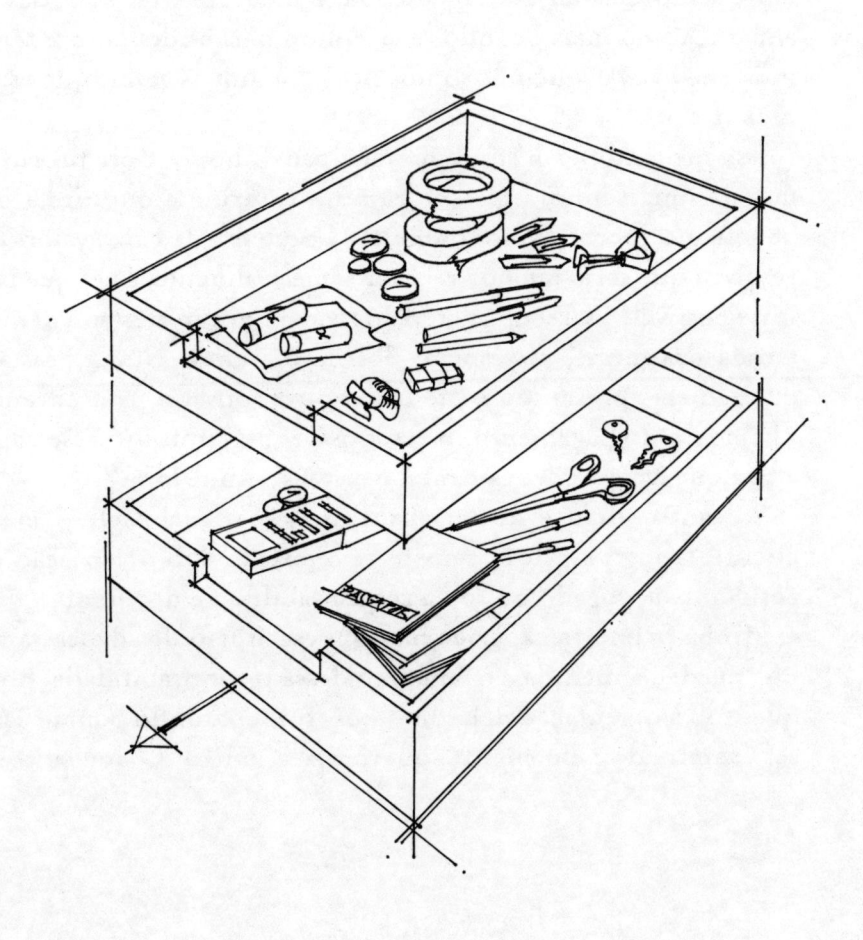

loucura!! Ainda vai dar muito o que falar. E o pior, decidir, avaliar, tomar um rumo! Guardar? Onde? Como? E os VHS? Estou na eminência de *estudar* o assunto para poder arbitrar nas decisões. E de maneira correta, porque informar errado é pior do que não saber...

Mas vamos considerar que, como o escritório da casa tem essa responsabilidade, o melhor que pude pensar até agora foi na criação de um sistema que facilite a rotina e a segurança do que é importante. E num único lugar! — adequado e, sobretudo, bem identificado.

É claro que, como todo mundo, tenho dúvidas do que guardar e sempre achei que, na dúvida, é melhor se ter as coisas. E à mão. Ainda mais quando se vive num país onde sempre teremos que provar que nós somos nós! E algumas vezes, que estamos vivos!

Isso me lembra a história do meu padrinho, que era procurador de uma senhora que morava no exterior e que tinha um benefício a receber todos os meses. Como era de baixo valor, ele resolveu que seria melhor receber semestralmente. Para que isso fosse possível, a tal senhora teria que mandar um atestado de vida a cada seis meses, às vésperas do recebimento. Numa ocasião, quando ele apresentou o atestado ao responsável pelo encaminhamento do pagamento, o responsável perguntou: "Esse papel atesta que ela está viva esse mês, e os meses anteriores?"...

Portanto, diante de tal absurdo, jamais aconselhei meus clientes a jogarem fora seus papéis, exceto sob orientação de contador, advogado ou sob a responsabilidade do cliente.

Minha primeira experiência num escritório de advocacia foi que me deu a medida e o tamanho dessa responsabilidade, porque, sob a orientação deles mesmos, fui separando o material a ser examinado pelo cliente, quero dizer, o lixo! O que eu considerei lixo! Dias depois, num dado momento, foi necessário comprovar qualquer coisa que tinha sido descartada.

Como considero meu lixo um material a ser examinado pelo cliente, pude me eximir dessa responsabilidade. Mas ali eu vi que, apesar de todo mundo querer jogar tudo fora no frenesi da arrumação, sobretudo para não ter que pensar, classificar aquilo que não entende, que vai ter que ler ou perguntar do que se trata, eu costumo, de antemão, explicar isso tudo ao cliente. Não vai ser por uns papéis a mais ou a menos para se guardar que uma casa vai deixar de se organizar.

O arquivo pessoal

Criar um arquivo pessoal é o primeiro passo para organizarmos um aspecto comum a qualquer ser humano que tenha uma casa, contas a pagar, vá ao médico, já tenha ido à escola, se formado em qualquer coisa, pertença a algum clube — nem que seja de milhas! —, enfim, o que qualquer pessoa viva e que se interesse por organização vai ter em casa ou no escritório em forma de papéis para arquivar.

Tudo que vai estar contido nessas pastas deve estar dentro de um saco transparente mais ou menos grosso — tamanho ofício ou A-4, respeitando o tamanho dos papéis que você tem a guardar ou usa na sua impressora — com etiqueta em cima, no lado direito, que é o lado para que olhamos mais rápido.

Desse modo, tudo que ali está contido, quando virar arquivo vai apenas mudar de forma, e vai para uma caixa de arquivo do ano tal.

Digo que um arquivo tem uma parte *passiva* ou *fixa*, isto é, não sai dali, como documentos pessoais, escolaridade etc. E tem uma parte *ativa* ou *móvel*, a que morre por ano, tais como as contas dos imóveis, de bancos, cartões, empregados inativos ou demitidos, exames antigos que se queira guardar como referência.

Documentos pessoais

Hoje, para alguém existir, precisa ter um CPF, uma carteira de identidade e, se você dirige, uma carteira de habilitação com seu número de identidade. Todo mundo tem uma certidão de nascimento, algumas de casamento e por aí afora.

Teremos uma pasta para cada pessoa da casa, já que se trata de documentos pessoais. Portanto, sejam quantas forem as pessoas presentes na sua vida ou na sua casa, cada uma vai ter sua pasta, assim como ex-maridos ou qualquer coisa que tenha sido documentada:

Escolaridade: diplomas, certificados e avaliações
Todo mundo um dia teve uma vida escolar, com todo um histórico de avaliações que vem desde a creche escola, depois jardim de infância, seguindo o pré-escolar, ensino fundamental e médio, além de documentos da formação universitária (diplomas e certificados de participação em congressos, publicações etc.).

Saúde: exames, pedidos de exames e receitas que precisam ser guardadas
Os exames de imagem, aqueles enormes, aconselho que sejam colocados numa pasta daquelas também enormes, separados por ano ou por especialidade médica. Guarde onde couber!

Nos armários de roupa ou closet, onde encontramos mais profundidade para se guardar coisas maiores, há aquele problema de misturar os bichos, porque papel fotográfico ou de impressão de raios-x, quando velhos, se por acaso houver qualquer acidente de infiltração na área, ficam com um cheiro insuportável.

Bancos

Dependendo do movimento de cada conta, deve ser feita uma pasta para cada banco ou conta.

Sei que muita gente não tem extrato ou guarda os canhotos, mas na minha função não tenho autonomia para decidir isso, portanto, guardo! E ainda colo os canhotos numa folha — depois de cortar a tira maior do talão de cheques, para não virarem volume.

Cartões de crédito

Ao contrário dos bancos, aconselho que se tenha uma só pasta com todos os cartões, subdivididos por pastas em L, aquela transparente fininha, numa mesma pasta.

Investimentos

Isso vai depender muito da quantidade de empresas onde se investe, mas podemos considerar muita coisa *investimento*. No caso, estou criando espaço para os considerados financeiros ou poupança.

Veículos

Se houver mais de um carro, ou moto, seus papéis devem ser colocados numa mesma pasta, subdividindo pela placa do carro ou da moto.

Guardamos nessa pasta a nota de compra do veículo e tudo o mais que deu origem à compra. Há quem prefira guardar o documento de venda no cofre. Costumo reunir ali também os gastos com a manutenção do veículo. Já as notas de combustível é *consumo*. Não guardamos nessa pasta. Se quiser manter um controle de gastos, deixe-as na pasta de compras e gastos do mês.

Seguros em geral

Há quem goste de tê-los juntos para poder acompanhar os vencimentos. Seguros de vida, de carro, de casa, de saúde, enfim, todos os seguros devem se encontrar na mesma pasta, separados por sacos com etiquetas ou pastas em L.

Outra opção será colocar nas pastas, respectivamente.

Imposto de Renda

Precisamos que ter guardadas as declarações e comprovantes dos últimos cinco anos.

Imposto de Renda do ano

Nessa pasta devem ser colocados os papéis do ano vigente que serão necessários no momento de montar a declaração. Se reunidos, diminuímos muito o pânico que esse momento por si só oferece.

Funcionários

Nessa pasta colocaremos todos os recibos de pagamentos de INSS, FGTS ou qualquer outro recibo, pagamento, declaração de amor – ou de terror! – referente aos empregados. Cada um terá a sua pasta, como numa empresa: DP – Departamento Pessoal – inclusive se houver um contador, com seus recibos e pagamentos.

Imóveis: escrituras, IPTU, taxas de incêndio

Costumo guardar todos os impostos e taxas referentes aos

imóveis separados das contas de consumo de cada imóvel. São documentos que muitas vezes também são guardados num escritório ou no cofre.

Imóveis: plantas originais, obras e manutenção
Além das plantas, todo e qualquer recibo de compra ou de obras feitas no imóvel devem ser guardados numa mesma pasta, para qualquer necessidade futura.

Imóveis: contas de consumo dos imóveis
São milhares! Luz, gás, água, condomínio, telefones fixos e móveis, internet, TV a cabo, monitoramento etc.

Arte e mobiliário
Aqui colocaremos qualquer expertise ou compra de obra de arte, móveis ou qualquer bem que tenha seu atestado de origem.

Animais: cachorros, gatos, pássaros etc.
Cada um tem sua pasta. Entra naquele princípio de documentos pessoais. Afinal, hoje os bichos são tratados como gente! Tem chip, carteira de vacinas, receitas, exames médicos e tudo o mais.

Família: antepassados
É onde se poderá encontrar os papéis de origem dos antepassados. Coisa que já salvou muita gente para tirar passaporte estrangeiro. É nessa pasta que também podemos guardar inventários, espólio e partilhas de bens.

Pasta temporária
Esta é a pasta mais importante do seu arquivo! Nela vamos

colocar os papéis que no dia a dia não teremos tempo de colocar na pasta certa, e nem da maneira certa. Por meio dela você *limpará* a sua carteira, que, no dia a dia corrido, vai recebendo e acumulando papéis. O mesmo deve ser feito com tudo o mais que vai se espalhando pelas gavetas à sua volta — seja colocado por você ou pelas adoráveis empregadas que querem vê-lo desembaraçado dessa baguncinha e, na melhor das intenções, vão criando aquela miscelânea de que já tratei, aquela que nos obriga a visitar a casa inteira para poder colocar tudo que ali existe nos seus respectivos lugares.

Tendo essa pasta, a única coisa que tem que ser feita minimamente é dedicar algum tempo a ela, de tempos em tempos, para esvaziá-la, de modo a não se tornar a pasta maior e mais gorda, contendo mais do que o conteúdo de todo seu arquivo. Outra vantagem de se ter essa pasta com os papéis recentes ou mesmo do ano é que você sempre poderá contratar um trabalho *part time* para fazer isso, uma ou duas vezes ao ano, e assim manter a ordem nessa área.

E atenção! Tente não colocar nela o que você já sabe que é lixo! As notas de compras de farmácia, de remédios que você não trocará, de tickets de estacionamento e de cinema, notas de compras de mercado que você não guarda. E se guarda para algum controle, crie logo uma pasta destinada a elas — compras e gastos do mês —, e separe um pouco pelos meses, com clips ou alguma coisa que organize um pouco todo o conteúdo.

Tirando esses papéis que são, de certa forma, comuns a todos os que estão vivos, sobram aqueles relacionados à sua atuação profissional ou a seus interesses. Moda, casa, decoração, turismo, jardim, culinária, dietas, viagens — com suas notas e cartões, compras diversas e... *Recuerdos*! Ah! Os *recuerdos*... É *assunto* grande.

Exemplos: se se é uma atriz ou ator, o que vou encontrar

como papéis são textos interpretados ou não, estudos de caracterização, aulas diversas de canto ou de impostação de voz, enfim, o *material* será pertinente ao que se pratica como trabalho. Se for uma médica, dependendo da especialidade, vou encontrar material coerente com tal atividade, como comprovantes de congressos em que participou, pesquisas, propaganda de produtos, amostras de remédio e por aí afora.

Portanto, dentro desse contexto, que é lugar-comum, posso dizer que ajuda muito tirar o óbvio para se poder *estudar* como organizar, triar, classificar e alocar o resto. E esse resto vai depender das atividades, da rotina e dos interesses de cada um. Então vamos poder criar um método, um sistema para manter o arquivo ou os arquivos. Está bem entendido? E esse *resto* fica para o meu próximo livro!

Os livros e a biblioteca

Tenho particular paixão pelos livros... É uma das coisas que me provoca mais prazer em organizar.

Apesar de muita gente achar que os livros tendem a desaparecer, nunca vi tantos lançamentos e livros lindos como tenho visto ultimamente! De todas as formas, assuntos, e variados conteúdos. Não tenho a sensação de ser uma coisa com prazo de validade, até porque as fotos ilustrativas, explicativas, e a arte que ali se expressa até na paginação do livro, ainda não vejo maneira de se conjugar tudo isso de outro modo. E ainda poder facilmente colocar aquilo embaixo do braço e levar para a praia, para o campo ou Deus sabe para onde?!

Mesmo em se tratando da era digital, ainda não podemos ter tudo isso junto como um todo. Sem falar na falta de luz, de sinal, de tomada e a falta de tudo, que ainda nos persegue nessa área.

A duras penas, me rendi às evidências, com a ajuda de uma de minhas clientes, e hoje possuo os equipamentos necessários de comunicação, e realmente não se questiona mais a grande mudança que isso nos trouxe — para o bem e para o mal. Assim como todos os mortais hoje, fico no céu quando tudo funciona. E simplesmente não existo quando alguma coisa pequena e simples impede as minhas comunicações!

Mas, voltando aos livros — e cá está o meu!, que demorou quase noves anos para nascer... —, ainda são uma linda realidade. Não pouparei palavras para valorizar o que eles são, o que já foram e o que ainda serão, seja para a história ou seja lá para o que for. Ter livros num escritório ou biblioteca no passado significava muita coisa! Cultura, acesso, intelectualidade, riqueza, vanguardismo, enfim... Tudo de melhor! — quando o conhecimento, além de mais antigo, tinha mais valor do que o dinheiro.

Portanto, livros são um legado, seja para uso ou para comprovar a estirpe de quem os carrega. E assim como tudo, mas nesse caso com mais rigor, precisam de manutenção e bons tratos.

O papel por si só é perecível e vulnerável aos fungos, ácaros e tudo mais a que foram expostos um dia. Logo, ao contrário do que se costuma fazer, não devem ser abandonados numa estante servindo apenas como pano de fundo.

Eles precisam ser limpos, folheados e espanados na lombada, com aquele pincel de barba de antigamente — *blaireau*. Os mais antigos muitas vezes precisam de uma limpeza maior, feita pelos restauradores dessa área.

E na estante, não devem ficar muito apertados entre si para não termos que puxá-los pela lombada! É o que normalmente se estraga, rasgando ou se soltando do livro por conta da força que fazemos em retirá-los da estante. Muitas vezes até ficam colados

Livros são um legado, seja para uso ou para comprovar a estirpe de quem os carrega.

uns aos outros de tão justos ou porque foram guardados úmidos. Podemos passar pano úmido – digo: úmido! Não molhado! Mas precisam estar secos para serem recolocados na ordem.

No que se refere à organização deles nas estantes, posso dizer que não é preciso ser um biblioteconomista para se fazer uma estante organizada. Mesmo os livros de arte podem ter um critério simples para que possam ser encontrados. Hoje há livros de arte de qualquer assunto: flores, paisagismo, culinária, animais, lugares, fotografia, marketing, design, caricaturas e humor, mobiliario, decoração e por aí em diante.

E os de leitura, idem: literatura clássica, literatura brasileira e estrangeira, literatura contemporânea, crítica e teoria da literatura, biografias, infantis, antropologia, psicologia, sociologia, filosofia, política, história etc.

É claro que não li a maior parte dos livros que organizo, assim como não ouvi nem conheço todos os músicos dos CD que organizo e nem os filmes – apesar de ser cinéfila! Mas podemos sempre dispor das orelhas dos livros ou do classificado universal que carregam na folha de crédito, onde se encontra a ficha catalográfica. Ou podemos consultar a nossa melhor enciclopédia de hoje, que é o Google! Dessa maneira poderemos ter uma boa noção dos autores e das obras.

Nas bibliotecas que já tive oportunidade de organizar, não foi necessário catalogar os livros, por serem de uso exclusivo dos donos da casa. Porém, caso seja necessário, sugiro que você organize por assunto e catalogue por cada um dos assuntos. Outra possibilidade de organização é adotar o critério de periodicidade dentro de cada assunto. Por exemplo, dentro do assunto poesia, organizar os livros conforme a época em que as obras foram escritas: poesia clássica greco-romana, poesia trovadoresca, poesia barroca, poesia árcade, poesia romântica e por aí em diante.

Sei que não é a maneira *clássica* dos biblioteconomistas organizarem um acervo. Normalmente elas vão colocando os livros na estante à medida em que vão chegando, e assim eles ganham números e letras que respeitam um código internacional. Em seguida, recebem um código com as marcações na lombada. Acontece que, à essa altura, ter que ler numa etiqueta uma infinidade de letras e números ou consultar um ficheiro para saber onde está um tal livro, e depois a mesma lenga-lenga para que o livro retorne à sua sequência na prateleira, não é a maneira mais simples de se manter a simples estante da sua casa em ordem. Trata-se de uma organização válida para grandes acervos, especialmente para acervos de consulta pública. Cabe lembrar, nesse sentido, que uma biblioteca pública vai ter uma bibliotecária para fazer a busca e o retorno do livro ao lugar.

Tenho clientes que adotaram esse critério mais técnico. À medida em que os livros vão sendo retirados, quando são recolhidos ou trazidos de volta à biblioteca, vão sendo colocados numa estante temporária. De tempos em tempos, vem o biblioteconomista que os organizou para recolocá-los na estante. Já vi gente chamá-los até para encontrar o livro procurado, de tão complexo que é o sistema... Portanto, diante de tantas vivências nessa área, posso aconselhar o que acima sugeri.

A *estante temporária* acho uma boa ideia para quem tem um fluxo de livros chegando que supere a capacidade de lê-los ou de organizá-los. É também uma maneira de se ter os livros não lidos separados. Numa das prateleiras dessa mesma estante ou em qualquer outro lugar, podem ser colocados os livros já lidos que ainda não foram inseridos na biblioteca geral.

É claro que qualquer um dos sistemas tem uma dinâmica que nos obriga a ir crescendo a biblioteca. Nem sempre temos previsto lugar para *expansão*. E a maioria das pessoas que gosta de livros não quer se desfazer de nada! É problema! Já vi casas cheias de anexos de estantes porque não existe milagre!

"Continente e conteúdo!", me disse um dia o arquiteto Jorge Hue.

As fotos e os *recuerdos*

Chamo esse departamento de *memória*. Digo sempre que sem memória não tem história. Todo mundo ama Paris com sua história preservada em qualquer lugarzinho que se vai.

Outro dia alguém me contou que esteve num lugar muito pouco conhecido na França. Como tinha algum tempo por ali, foi visitar um lugar que não passava de uma casa de família burguesa, tudo arrumado ao gosto da época, como se houvesse um dia a dia ali. E para se visitar, se pagava um ingresso que era para a manutenção desse casarão, que contava a história de alguém daquele local, com suas curiosidades! Como ouvir e ver um livro falado! Simples assim!

As cores, a luz, até a temperatura podemos sentir quando vemos uma sequência de fotos que nos transmite bem a cor local!

E a memória se constrói baseada em papéis, fotos e tudo o mais que guardamos e nem sempre nos damos conta de que aquilo pode virar história.

Tenho um livro da Marilyn Monroe que se chama *Fragmentos* e que conta justamente umas passagens da sua vida baseadas apenas nas notas e contas enviadas ao seu contador. Não temos a pretensão de virar uma Marilyn ou coisa parecida, mas até como referência familiar ou para que seus filhos e outras gerações saibam como se vivia, é bom guardar o que nos traz boas lembranças ou esclarecimentos para o futuro.

É um assunto delicado e bastante complexo de se organizar. Aconselho que se guarde da maneira mais arejada e iluminada, porque papéis não gostam de ser dobrados e precisam de manutenção, tal qual os livros.

As caixas que aproveitamos para guardar esse tipo de coisa é o mais contra-indicado, por conta dos fungos e do mofo. Os papéis de embalagem, por exemplo, não foram tratados para ficarem guardados.

A melhor maneira de preservar cartas, bilhetes, cartões e tudo que guardamos de carinho é como se faz álbum de fotos, isto é, colados, de maneira possível — muitas vezes está escrito na frente e no verso —, com as colas adequadas para isso, em álbuns.

Os *scrapbooks* não passam de livro de memórias! Só aconselho que não se misture fotos com outros papéis ou materiais. Cada álbum tem seus bichos! Fungos, ácaros, e outras reações de papel fotográfico quando exposto ao calor ou umidade. Sei disso no corpo por conta dos diferentes sintomas que a minha alergia denuncia! Especialmente fotografias antigas exigem cuidados, como o uso de máscaras e luvas, pois elas contêm substância tóxica.

Portanto, essa memória que anda com as fotos deverá estar no mesmo *departamento*, mas em *setor* diferente.

Quanto às fotos, depois da revolução da era digital, como muita gente acha mais graça em ver as fotos montadas em álbuns, e hoje digitalizadas, já existem outras formas de se fazer pequenos álbuns de fotos impressas, de cada fase ou momento da vida que se quer guardar. Até o tamanho das fotos pode ser combinado.

Eu ainda gosto de ver as fotos menores montadas em sequência, considerando a paginação nas duas folhas abertas, como se fosse um filminho ou revista em quadrinhos. Traz para mais perto a emoção do momento. As cores, a luz, até a temperatura podemos sentir quando vemos uma sequência de fotos que nos transmite bem a cor local! Aquilo que nos levou a querer perpetuar aquela imagem e sua emoção. Ver fotos no computador, na TV ou no tel, definitivamente não é comparável a ver as fotos bem montadas num álbum. São duas coisas diferentes.

Sem falar que essa possibilidade de se digitalizar tudo e manter o álbum no computador não resolve a questão da foto original. Ela continua a existir. Seja numa caixa ou pasta, sem que se possa aproveitar nada daquilo daquele jeito.

Serão sempre um *backup*, mas normalmente estarão no alto de uma estante ou no fundo de um armário! Vejo as pessoas passando longe delas de tanto medo de chegar perto e não saber o que fazer com aquilo... Álbuns! Sempre álbuns, é o que aconselho.

Não dobre papéis para guardar. Papéis não se conservam dobrados. Quebram na dobra. E se for para arquivar, ao dobrar, estaremos dobrando também o volume de camadas de papéis a serem guardados. Diminuir o tamanho dos papéis, dobrando, aumenta a espessura do que se quer guardar. Portanto, ao guardar os papéis sem a dobra, estaremos dando mais qualidade ao papel, acondicionando-o da maneira mais adequada e ainda diminuindo o volume na forma e no tamanho certo das embalagens próprias para se guardar os papéis. São elas as pastas de elástico, as pastas suspensas, as caixas de arquivo, os sacos de plástico ou acetato. É comum encontrar as cartas que se guardam como *Recuerdos* dobradinhas dentro dos envelopes, e quando abrimos, elas estão se desmanchando. Não apenas de velhas, mas também porque estão dobradas e nas dobras o papel vai se desgastando. Se as guardarmos abertas, dentro dos tais sacos de acetato, elas podem até envelhecer, mas não precisarão ser manuseadas nem mesmo para serem lidas. E, assim, se conservarão. Os documentos e tudo o mais de papel que se quer guardar seguem o mesmo raciocínio.

Posso garantir que uma vez decidido e aberto o processo de montagem, pode demorar — e muito! — trazer as melhores e as piores lembranças, custar o que muitas vezes não foi o que se programou, contudo nunca vi alguém arrependido de ter construído sua memória. Ao contrário, só vi gente orgulhosa de ter organizado a própria história, deixando em ordem suas lembranças, e a certeza de que estava selecionado, limpo e num formato fácil até para ir para o lixo!

O BANHEIRO

Vejo a cozinha como um laboratório, assim como vejo o banheiro como um santuário... Um lugar onde nos comungamos com nós mesmos, e onde fazemos nossas transformações. É onde trocamos nossas energias em vários momentos ao longo do dia; onde temos a sensação de deixar ir embora tudo a que nos expusemos, voltando em seguida ao estado natural daquilo que somos — ou pretendemos ser!

Para que esse lugar se complete com a função que exerce, deveríamos fazer dele um lugar limpo de qualquer interferência externa, guardando nele o essencial, que faz parte desse movimento de transformação. Desse modo, deixamos para trás tudo que possa impedir o bom funcionamento do lugar. Torneiras funcionando corretamente, esgotos limpos de qualquer coisa que possa impedir as águas de rolarem, levando embora tudo que não seja essencial.

Esse meu *respeito* pelo banheiro é enorme, porque já vi banheiros serem verdadeiros escritórios, closets, camarins, estoques de todos os produtos da casa, bibliotecas, enfim, já vi pessoas que habitavam o banheiro! Mesmo tendo o resto da casa disponível, o banheiro era onde se sentiam seguras e dispondo da sua verdadeira privacidade.

Mas quero advertir: assim como dispomos do banheiro como queremos, temos que dar o tratamento adaptado e adequado à função que ele exerce! Se é um estoque, precisa ser limpo e renovado como uma despensa que é limpa semanalmente! Se é uma biblioteca, os livros terão que ser expostos a um desumidificador permanente, porque no banheiro, com os banhos diários que tomamos, se forma umidade regular. Se for um escritório, idem, e por aí afora.

Ainda existem as funções de limpeza naturais que um banheiro impõe. Costuma-se ter em cima da pia as coisas que usamos todos os dias — se tivermos uma bancada. Assuntos do dia a dia, tais como sabonete, algodão, cotonete, lenço de papel, limpeza dos dentes, do rosto, cremes de corpo, escova de cabelo e até o secador de cabelo, se é usado como função diária.

Para os estoques de material de banheiro costumo sugerir as cestas organizadoras embaixo da pia ou nos armários existentes, mantendo, assim, a bancada apenas com o essencial do diário. Exemplos: cesta de produtos de corpo; cesta de produtos de cabelo; cesta de produtos de rosto; cesta de produtos de mãos e pés.

Nas gavetas também existem as divisórias individuais, que nos permitem distribuir o conteúdo da gaveta da melhor maneira possível, e sempre com classificação do material que está contido. Exemplos: na gaveta de maquiagem, separar os produtos de olhos, boca, rosto; a gaveta destinada ao que concerne ao tratamento do cabelo, separando as escovas dos pentes e cada tipo de presilha ou grampo numa divisória, de modo a ordenar não apenas no seu aspecto, mas também no seu uso.

Podemos guardar as toalhas e tapetes de banheiro, assim como roupões de banho, no próprio banheiro, seja por conveniência, falta de espaço na rouparia ou na falta da própria rouparia. E se não houver lugar nos armários do banheiro, existem os *racks* de metal, onde apoiamos pequenas pilhas, além de também podermos pendurar a toalha que está em uso.

O conforto de termos as toalhas secas dependerá do serviço da casa. Nem sempre as toalhas se secam no próprio banheiro e precisam ir para o sol ou para a secadora. É claro que estamos falando de hábitos civilizados de estender a toalha nos porta-
-toalhas ou mesmo no box para que sequem.

Para que esse lugar se complete com a função que exerce, deveríamos fazer dele um lugar limpo de qualquer interferência externa, guardando nele o essencial, que faz parte desse movimento de transformação.

Os tapetes, idem! Podemos ter tapetes mais felpudos e maiores, portanto mais difíceis de se manterem secos e de se lavar e secar. Mas nesse caso aconselho que se usem os pisos. Observem que os pisos nunca estão no chão nos hotéis de luxo e charme! É para que estejam limpos e secos quando a gente sai com os pés limpos e molhados de dentro do chuveiro.

A farmácia também é um assunto que mora no banheiro, se não tiver um armário ou outro espaço alternativo para isso. Procuro separar os remédios também por função: acidentes e machucados que precisam ser desinfetados e protegidos; dores em geral — de cabeça, de estômago, de barriga etc.

As bolsas de gelo hoje costumam ficar no congelador, ou podem ficar nesse setor junto com as bolsas de água quente, assim como tudo o mais que se refere a dores e acidentes.

Outros remédios, tais como antibióticos e os controlados, costumo colocar em outra cesta, não esquecendo de sempre olhar o vencimento a cada vez que limpamos ou organizamos esse setor.

A COZINHA, A COPA E A ÁREA DE SERVIÇOS (OU OS LABORATÓRIOS DA CASA)

Considero a cozinha, a copa e a área de serviços os *laboratórios* da casa.

Essa área é um termômetro! Por meio dela, podemos sentir a *temperatura* da casa, o nível de rigor nos serviços e o padrão de limpeza que está se estabelecendo. É mais ou menos como o avesso da costura.

Devemos ver a cozinha como um laboratório, isto é, um lugar asséptico, com a máxima exigência no que se refere aos bons hábitos de higiene, e acompanhado do bom-senso. Porque na cozinha processamos o que temos de mais precioso na vida: a saúde!

O conhecimento que hoje temos sobre saúde traz conceitos muito mais preventivos do que curativos, portanto, o que hoje a medicina nos propõe não é apenas o tratamento das doenças e disfunções do nosso organismo, mas também o *tratamento* da saúde, por meio da alimentação e de outros bons hábitos de bem viver. E cozinhar com higiene é um deles, e depende de uma série de atitudes no dia a dia, por conta da responsabilidade do processamento da nossa alimentação.

Se pensarmos que na cozinha se mexe com sangue, partes do corpo de animais, com larvas, bactérias, terra, estrume, agrotóxicos... Se nos dermos conta de que tudo isso acontece numa mesma bancada de cozinha; que, apesar de tudo ser processado no calor de um forno ou de um fogão (isto é, um agente esterilizador), ainda assim é onde os resíduos vão se acumulando. Trata-se de um assunto que dá o que pensar... sem mesmo ter falado sobre as geladeiras – onde se conserva o que é bom... e o que não é!

Não precisamos fazer terrorismo a partir disso, mas devemos levar a sério a questão.

Já deu para entender que essa área é onde aplicaremos severamente a Teoria das Janelas Quebradas, isto é: Tolerância Zero.

Guardar as panelas molhadas, lavar os *tupperwares* de plástico com bucha áspera, fazendo com que fiquem igualmente ásperos e ainda porosos, absorvendo tudo que por ali passa, guardando cheiros e microorganismos: são hábitos de um tempo que já passou!

Temos hoje o conhecimento de que tudo isso só contribui para piorar e dar mais trabalho e menos prazer, quando vemos se estragar o que compramos, ficando com cara de velho e... sujo!

O que é de material de cozinhar pertence à cozinha. E o que é material de servir, pertence à copa.

Até os *tupperwares* de vidro, que, como têm tampas de plástico, vão sofrer do mesmo mal se não tivermos na consciência a certeza de que as buchas ásperas só devem ser usadas nas superfícies que estão preparadas para receber o atrito e suportar a abrasão que elas provocam. Transmitir essa realidade para os funcionários e controlar também é uma tarefa.

Existem buchas que, por serem mais suaves, não têm a mesma violenta eficiência, mas atendem muito bem. E existem as buchas que ficam duras quando secas, e que são ainda mais saudáveis e fazem parte do bloco dos produtos *verdes*.

Não nos damos conta de que para se ter qualquer coisa hoje é uma trabalheira: temos que fazer fila, esperar que as máquinas acatem o cartão de pagamento, esperar a N.Fiscal sair da impressora, carregar aquilo numa sacola de plástico, poluente, desembalar! – que hoje virou uma tarefa difícil, porque as embalagens vêm lacradas –, tirar selos, cortar etiquetas penduradas, remover as que grudam e que, se ficarem pedaços dela, mais adiante se transformarão numa mancha feia que desmerecerá o que é novo. Enfim, um trabalho insano, que, por causa de uma bucha grossa, aquilo dura 10% do tempo previsto de vida útil.

Isso se aplica a talheres – de prata ou de inox –, que ficam foscos e feios logo depois que começam a ser usados, panelas foscas ou com resíduos incrustados perto das alças, dando a impressão que saíram de um fogão à lenha! Sem falar nos sifões das pias, sempre entupidos por falta de cuidado com os resíduos e a falta de manutenção adequada.

Tudo que vemos nas lojas de utensílios dá vontade de comprar! Produtos e peças inteligentes, lindas! Coloridas! Saber usar, no dia a dia e se ainda conseguirmos manter será um prazer ter todos os utensílios.

Ir à cozinha à noite, ver seus panos de prato limpos esperando o dia seguinte começar, o lixo vazio e com saco, o detergente à mão, com a bucha limpa em lugar seco, o fogão – hoje lindos! – limpo, o forno, idem, a geladeira arrumada e cheirosa, torneiras e pia limpas, poxa, não há quem não sinta prazer e conforto com isso.

A cozinha

Como já falei e insisto em advertir, a cozinha é a área de trabalho onde acontece o processamento dos alimentos. Não é uma área adequada para fazermos decoração, pelo simples motivo de circularem na cozinha ares que trazem gordura, cheiros diversos e muita contaminação, se não for cuidada.

Portanto, é necessário que haja facilidade para manter a área permanentemente limpa e seca! Insisto muito no fato de se secar as coisas, porque a umidade, seja dentro das panelas, nas louças, vidros, plásticos e tudo o mais, é o ambiente mais fértil para se cultivar fungos e microrganismos que fazem parte do mundo das alergias e outros males crônicos, e alguns até mesmo fatais. Os mosquitos hoje são agentes do mal – e são vorazes!

Organizar uma cozinha é muito simples. A começar separando (na cabeça!) a cozinha da copa. O que é de material de cozinhar pertence à cozinha. E o que é material de servir, pertence à copa.

Na cozinha, além dos ingredientes – que deverão estar nos potes ou latas – e os temperos, devem se encontrar:

- Panelas, frigideiras, panela de pressão, espagueteira etc.;
- Tabuleiros, assadeiras e formas;
- Facas e talheres para se cozinhar;
- Eletrodomésticos de preparo: liquidificador, batedeira, multiprocessador, faca elétrica;
- Espremedores manuais;
- Escorredores de folhas e massas;
- Peneiras e coadores;
- Tábuas diversas;
- Bacias diversas;
- *Tupperwares* de vidro • geladeiras (procuro sugerir que sejam usados para a geladeira por serem mais saudáveis para o que se come cru: frutas, frios, queijos etc.);
- Tupperware de plástico • *freezers* (apesar de estarem sendo combatidos no mundo hoje, os *tupperwares* de plástico ainda existem e muita gente resiste à troca pelos de vidro, por serem mais frágeis);
- O forno de microondas pode pertencer tanto à copa quanto à cozinha, porque também serve para descongelar alimentos, além de esquentar qualquer coisa;
- O forninho, idem.

Apenas isso é material da cozinha.

São os instrumentos e utensílios necessários para o preparo e processamento dos alimentos, assim como os ingredientes fundamentais para fazermos a comida.

A despensa

Na despensa teremos o estoque de supermercado, mas nem sempre ela existe num lugar ou armário específico destinado ao estoque de alimentos. Portanto, se os produtos em estoque tiverem que ficar na cozinha, aconselho que sejam colocados nas prateleiras mais altas, porque suponho que a parte debaixo já estará ocupada com os que estão em uso.

A copa

Já o material de copa é o de servir, que sempre dependerá da comida preparada. Exemplo: se uma sopa vai à mesa e não sai da cozinha já servida no prato, a sopeira e os pratos de sopa com as colheres precisam estar na mesa; se vai ter pão, irá também a cesta de pães; se vai se usar manteiga, a manteigueira.

Portanto, tudo que se refere a *serviço* — servir — pertence à copa: louças; talheres; copos de mesa e copos diários, supondo que há uma geladeira para uso específico da copa; taças de sorvetes e de sobremesas em geral; cestas de pão e torradas; tábuas de frios e queijos; material para servir aperitivo. Há ainda os eletrodomésticos da copa: torradeira, máquina de café expresso, liquidificador e espremedor de sucos poderão ficar na copa se existe movimento e serviço para se tê-los separados da cozinha.

As travessas e assadeiras, assim como outros materiais refratários, apesar de pertencerem ao *serviço*, podem ficar na cozinha, facilitando a vida de quem cozinha e sabe o que precisará para a apresentação do prato do dia. Inclusive, o serviço para servir os aperitivos ou lanches na bandeja também podem ficar na copa.

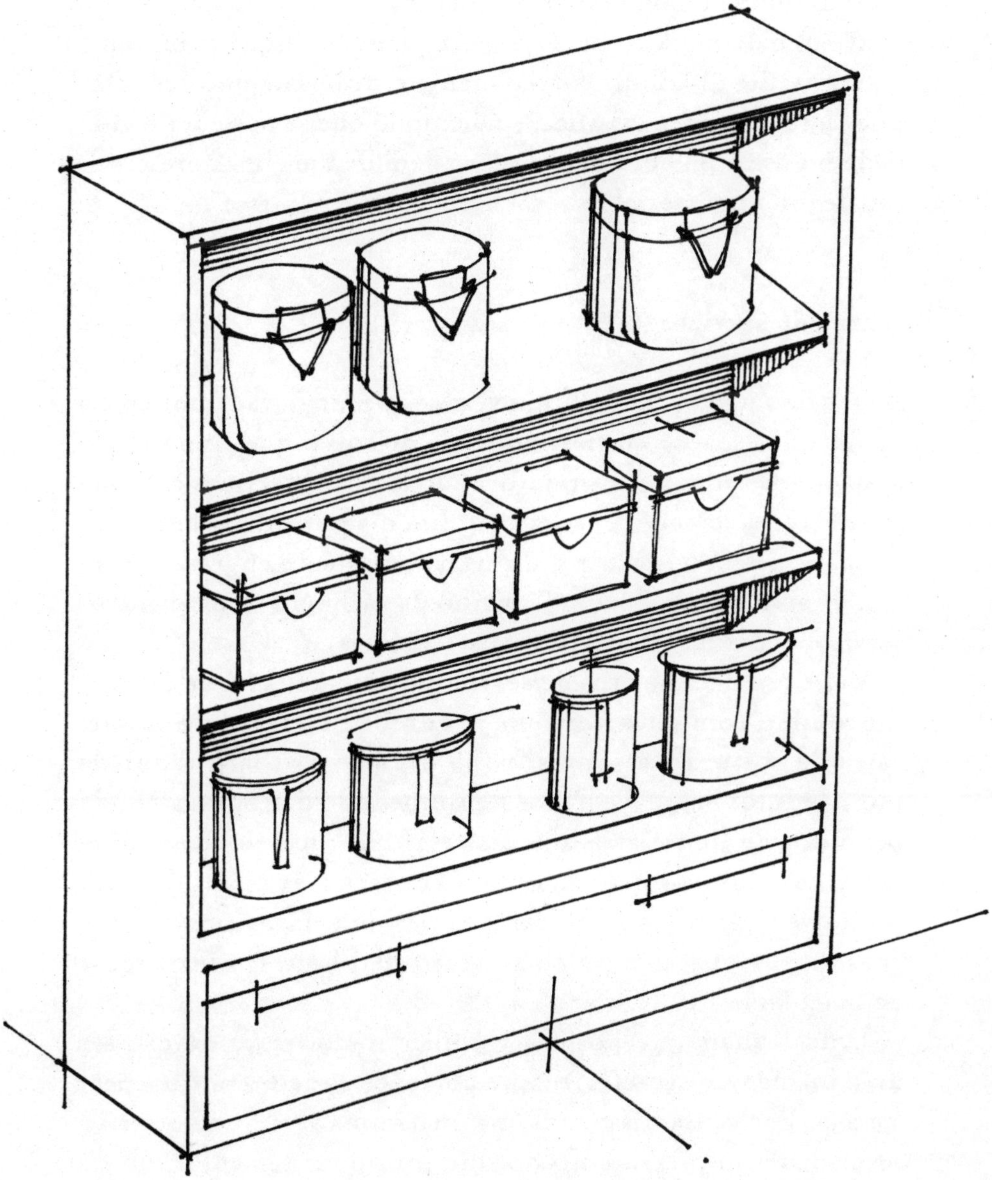

Não é preciso que haja uma separação física nesses espaços. Mesmo que se tenha uma copa/cozinha num apartamento cujo conceito é de um loft, para que esse princípio fique bem claro, é importante distribuir corretamente o material que a casa dispõe, com lógica — e logística! —, de modo que se possa ter facilidade no uso e na hora de guardar, além de uma boa apresentação de todo o material.

A área de serviços

A área de serviços, que muitas vezes está embaraçada por conta da falta de espaço, vai ficando cheia de coisas que *sobram* e que acabam inseridas nela, prejudicando assim os serviços cotidianos. Na área de serviços se encontram máquina de lavar e secar roupas, instrumentos e produtos para limpar e engraxar sapatos, de arranjos de flores, de banho de cachorros, entre outros serviços eventuais em algum espaço da casa.

Mas é também na área de serviços que ficam a tábua de passar roupas, com seu arsenal de produtos e material de passar; caixa de costura; vassouras, rodo e pá de lixo; aspirador de pó; produtos em uso e panos de limpeza do dia a dia, além de produtos de limpezas eventuais; escadas; caixa de ferramentas; colas e outros materiais para consertar as coisas da casa, inclusive feltros para colocar nos pés de sofás, como borrachas de silicone anti-impacto, caso não houver outro setor de bricolage.

Tudo o mais que possa ser considerado *serviço* deverá ter uma forma que caracterize que pertence àquele *setor* ou *departamento*. Por causa disso, insisto, mais uma vez, que é preciso severidade no julgamento do que foi ou vai ser colocado na área de serviços, de modo a avaliarmos se de fato é o lugar apropriado para guardar certas coisas. Até porque, se não for, teremos que reavaliar o que já está organizado e setorizado nas outras áreas da casa para buscar mais espaço, assim desfazendo a miscelânea muito comum que se cria na área de serviços. Isso dá uma preguiça...

OS FUNCIONÁRIOS

Achar que basta ter uma ou duas empregadas, uma passadeira, uma faxineira, um motorista e ainda alguém que limpa os vidros, e que desse modo você terá uma casa limpa e organizada, é um engano. Além do fato de que essa estrutura precisa ter um regente. Os funcionários, por melhores que sejam, e mesmo que você tenha recebido as melhores referências, não chegam prontos para você e para a sua casa.

Volta e meia escuto alguém dizer: "Ela veio da casa de embaixadores e não sabe colocar uma mesa!" Escuto também: "Ela pensa que minha casa é uma embaixada..." Por meio desses comentários, podemos constatar que cada casa tem seu padrão, e precisamos ajustar o padrão a ser estabelecido, verificar o potencial que os funcionários carregam, os que ainda podem ser desenvolvidos, e estipular, a partir dessa avaliação, os serviços que eles são capazes de oferecer. Para isso, é preciso que alguém estabeleça e insista em fazer ajustes, que muitas vezes serão alcançados por repetição, por condicionamento.

É outro engano achar que objetos e móveis voltarão ao seu exato lugar depois da limpeza; que roupas serão guardadas nas devidas pilhas e gavetas; que a arrumadeira perceberá que uma camiseta se tornou roupa de dormir depois que manchou um pouquinho e, portanto, irá para a gaveta do *dormir*.

Desenvolver percepção e observação é praticar nossa sensibilidade. E como o trabalho doméstico é uma mistura de vigor e repetição, apesar de ter que conter um mínimo de sensibilidade, aglutinar esses vários *ingredientes* nos funcionários não será tarefa muito fácil. Temos que cultivar e armazenar uma cota inestimável de paciência e tolerância — virtudes que no momento estão escassas —, para ir transmitindo os hábitos e costumes da casa aos funcionários, já sabendo que errarão bastante até entenderem as necessidades da casa. Ou não vão entender, mas farão o que se combinou por condicionamento, e isso acabará se tornando rotina.

Passei três dias num hotel trocando a posição de uma cadeira que me impedia de ver a paisagem. Eu colocava a cadeira no lugar que me era confortável e ela — a camareira — colocava de volta na frente da janela. No quarto dia ela entendeu, ou desistiu...

Mas, voltando à equipe de funcionários de uma casa, que muitas vezes não é eficiente porque há gente demais, outras porque falta gente para tanto trabalho, podemos concluir que os serviços também estão ligados a um bom dimensionamento e distribuição de tarefas, além do fator que envolve a capacidade de aprender e do treinamento recebido de cada um.

Está visto que é uma questão bem complexa e que daria uma Bíblia se contássemos todas as histórias e tropeços nessa área. Digo sempre que é um assunto mais complexo do que casamento — que ainda conta com o amor e... o desejo como componentes! Cheio de detalhes, sutilezas, dependências, intimidade! E essa intimidade faz parte da convivência, desse dia a dia entre patrão e empregado. Empregado que vive numa casa que não lhe pertence, com hábitos e costumes que precisam ser exercidos, mas não são os seus, e ainda é o lugar que habitam a maior parte de suas vidas!

Difícil proporcionar as condições ideais sem que haja uma figura mediadora (você, por exemplo) para traduzir, para esclarecer essas condições à medida em que as questões forem aparecendo, sendo temperadas, azeitadas, quando a via se estreita e as coisas engasgam. Às vezes os nossos argumentos não são tão óbvios.

Mesmo você achando que apenas fez um contrato de trabalho com uma pessoa que tomará conta da sua casa e das suas coisas — da maneira que você o faria; que vai tratar da sua roupa com um conhecimento maior do que o seu; que vai fazer uma comida de acordo com o que ficou combinado na entrevista e vai chegar e sair no horário combinado, e ainda avisará quando houver um contratempo, tudo isso é uma promessa. Você contratou alguém que prometeu fazer tudo corretamente, e o normal é que assim seja! Mas não é bem dessa maneira que a vida acontece.

Alguns casos são até divertidos se contados, como a história de um cliente que, ao ser perguntado se a funcionária dele dormia no emprego, me respondeu que sim e que inclusive era só o que ela fazia! Na mesma hora eu o imaginei perguntando para ela porque dormia tanto, recebendo a seguinte resposta: "Porque o senhor me contratou para dormir no emprego." A compreensão nessa área é mesmo ao pé da letra.

Logo, temos que ser claros, específicos, mas nem tanto; temos que ser compreensivos, mas nem tanto; temos que ser exigentes, mas nem tanto; tolerantes, mas nem tanto. Enfim, é a tal *química* que acontece entre as pessoas, somada às condições de cada um e o momento de cada uma das partes que estabelece e estabiliza as relações de trabalho nessa área doméstica. É por isso que comparo ao casamento!

Depois de uma função organizacional bem-sucedida, é comum ver meus clientes quererem manter o que foi instalado da melhor maneira possível. Assisto muitas casas se estabilizarem com pessoas que jamais pensei que fossem se entender, o que dirá se perpetuarem. É mesmo uma *química* com bases não científicas, mas, eu diria, de ocasião. Depois vira rotina! Já dizia Sêneca: "Escolha uma maneira de viver e a rotina a tornará agradável."

Estou tentando esclarecer o capítulo de maneira que ele possa trazer algum benefício, conforto e, sobretudo, paz nessa área tão dinâmica e conturbada. Observo que as frustrações nessa área se repetem, não importa o bairro ou o credo.

Além da questão social que a área envolve por si só, ainda temos o agravante desse momento, em que o mundo empobrece e se desmazela por um lado, enquanto do outro se buscam valores perdidos, como referências de bons tempos de bem viver e de conforto, depois da troca do *protocolo* pela informalidade. Os serviços ficaram muito piores em geral e as questões sociais também!

É difícil entender o limite que separa a compreensão do que é humano ao se estabelecer um contrato de trabalho. Além de muitíssimo pessoal para ambos os lados — patrão e empregado —, envolve estado de espírito, humor, saúde física e mental, necessidades dos momentos da vida de cada um, enfim, uma convivência diária que sofre interferência de tantos fatores, como chuvas e tempestades! Temos que entender inclusive que num país como o nosso, tropical, quando chove arrasa tudo! E quando não chove, também! Porque falta luz, porque falta água, o trânsito piora porque os carros enguiçam, as pessoas ficam de cabeça e corpo quente, adoecem, enfim...

Direitos e deveres ficaram um pouco confusos porque também há falta de profissionais que, de antemão, saibam fazer o trabalho a que se propõem. Querer fazer, querer aprender já é um ponto a favor. Boa vontade em aprender, sem se ofender quando não sabe ou faz de forma diferente da que se espera, é outro ponto a favor. Querer o emprego porque se precisa do dinheiro e não do trabalho também não é correto. Mas saber limpar ou lavar, conhecer os produtos adequados, dispor do potencial desses produtos sem deixar lesões, saber usar os equipamentos devidamente e mantê-los, isso eu posso afirmar que está faltando mesmo.

Vejo pessoas usando os aspiradores como vassouras — empurrando e esfregando rápida e vigorosamente para frente e para trás, estragando o que se espera manter! Sem dar tempo à máquina de engolir a sujeira ou a poeira que está ali para ser sugada! Aspirador é justamente para se fazer menos esforço encontrando melhor resultado. Aliás, tem um artigo de um médico alergista que considera as vassouras uma das responsáveis pelas alergias hoje.

Não vou entrar no mérito da honestidade, já que ela hoje se tornou virtude!!! Mas vou abordar confiança, porque é um fator não só ligado ao dinheiro, porém a tudo que delegamos ao contratar, com a certeza de que estamos sendo atendidos naquilo que foi combinado. Isso envolve desde a hora em que se fecha a casa para ir embora até a forma como as coisas são feitas, como são tratadas as pessoas entre si na ausência do dono da casa, no trato com os outros prestadores de serviços e por aí afora.

Bons serviços estão ligados à experiência, ao conhecimento, à sensibilidade e ao profissionalismo, dando assim a segurança

Desenvolver percepção e observação é praticar nossa sensibilidade.

necessária para que se tenha, e se transmita ao patrão ou cliente a certeza de que o trabalho está sendo feito da melhor maneira possível: com *capricho*, com excelência — com amor!

E assim, mesmo não gostando do que fazem e mesmo não sabendo fazer o que a função exige, continuamos a sonhar com o conforto dos bons serviços domésticos, supondo que, ao contratar uma pessoa, ela já venha com os melhores hábitos de higiene e saúde, sabendo fazer com primor todo o trabalho doméstico, que hoje envolve uma sequência de cuidados e experiência diante da delicadeza e fragilidade dos produtos e materiais. Podemos falar disso desde a marcenaria de uma casa até às lingeries!

É comum escutar das clientes os estragos nas roupas de grife que não tiveram recuperação. Aliás, cá entre nós, as roupas são tão frágeis que ficaram quase descartáveis! Cashemere, *hobs* que encolhem tanto que não cabem nem num cãozinho de pequeno porte, sedas amassadinhas do Issey Miyake que ficaram lisas como linho bem passado, camisetas de malha de jérsei do Missoni que viraram verdadeiros vestidos longos de tanto que espicharam com o peso da água pendurados no varal! Aí eu pergunto: você explicou que precisava torcer o tecido na toalha para retirar o excesso de água, secar na horizontal, e, se solta alguma tinta, tem que se colocar uma toalha entre as duas partes da roupa, além de todas as instruções necessárias para que aquilo tenha alguma chance de ser lavado e resistir? E o que eu escuto como resposta é que havia na lavanderia as instruções presas no quadro de aviso, ensinando tudo, e ainda com os ícones e códigos que vêm na etiqueta da roupa, por dentro, ensinando o que se deve fazer ou não.

Ora, já sabemos que teoria e prática nessa área funcionam no paralelo, até porque os bons e bem aprendidos serviços domésticos foram e continuam sendo fruto de real experiência e longo aprendizado, com alguém que um dia aprendeu com outro alguém e passou esse conhecimento. Esperar que, colocando as instruções fixadas em quadro ou parede, listas e mais listas de instruções, manuais que ninguém tem tempo de ler, e que dali vai sair a prática com bom resultado, isso é um sonho! Uma verdadeira ilusão — ou desilusão!

Ensinar serviços é uma das formas de educação. Ler e escrever é outra. Portanto, vamos sempre cair na vala comum que é o exemplo, a liderança, a educação e os bons costumes. Se formos pesquisar o processo civilizatório, vamos encontrar muitas respostas e evoluções nessa área. Além de entender os estigmas que carregamos por conta dessas origens, vamos ficar mais tolerantes e próximos. E como tudo que se compreende fica mais fácil de digerir, aconselho o conhecimento, porque certamente vai colaborar para uma melhor digestão nessa área.

Não deixarei de dizer que podemos viver muito bem, de maneira organizada, sem qualquer ajuda nos serviços necessários que uma casa pode ter. E ainda ficar com a agradável sensação de independência! É claro que nesse caso você tem de ter, além de tempo e disposição, um pouco de gosto pela vida doméstica.

Uma boa empregada

"Escolha a melhor maneira de viver e a rotina a tornará agradável", repito a frase de Sêneca, porque o mais importante para se ter uma boa empregada é a rotina.

Não há nada que complique mais o sossego de uma casa do que o improviso. É claro que não estamos deixando de lado a criatividade do improviso, que também é um aditivo maravilhoso para a vida. Estou me referindo às bases, àquilo que nos mantém no eixo, com a cabeça no lugar. É o chão que precisamos para planejar minimamente a vida — cheia de atropelos e situações inesperadas que nos atrasam. Aquela base sem a qual não se pode viver sem: lavar e passar a roupa, limpar os banheiros, fazer as camas, lavar a louça...

Estabilidade é fundamental para o bom funcionamento de qualquer vida. É o equilíbrio entre o tempo — hoje escasso! — e os afazeres. Essa rotina começa quando a funcionária chega no trabalho, seja ele de quem dorme ou de diarista. Ao chegar, a empregada deve ter um lugar para colocar a sua bolsa, trocar de roupa, tendo onde pendurar a roupa que tirou do corpo. Deixar as coisas em lugar acessível para ela, é claro. Hoje temos o adorável e odiável celular. Tem que estar por perto até para dar assistência às casas — à sua e à dela!

Precisamos entender que ninguém poderá cuidar do que é seu sem que a própria vida dessa pessoa esteja no mínimo sob controle. Pode até estar longe de ser resolvida, mas ao menos você sabe o que está acontecendo...

Considerando que a sua casa está aparelhada para os serviços exigidos, encontrar os produtos e instrumentos necessários para as tarefas a serem vencidas é um passo enorme para que a casa funcione.

Precisamos saber se o funcionário está habilitado para lidar com os equipamentos. Quantas vezes me entregam o aspirador quebrado e ele apenas está com o saco cheio!

Os manuais são esclarecedores e explicativos, mas precisam ser lidos! Todo mundo *adivinha*, mas há detalhes que precisamos aprender! O bom mesmo é aprender junto! Se houver tempo para isso, pode ser até divertido! Os equipamentos hoje são tão inteligentes que até surpreendem. O mundo hoje é tecnológico! E conhecimento não pesa.

Mas, voltando à rotina, estabilizar uma casa é fundamental para toda a atmosfera de paz que esperamos encontrar no nosso ninho. E essa paz de encontrar sua casa limpa, sua roupa em dia, sua cama o convidando e se deitar e, com ou sem serviço, saber que amanhã tudo isso vai continuar assim. Isso quer dizer que essa mesma estabilidade que você oferece é sua também!

Coordenar essa rotina é outra função, e vai depender de fatores bem complexos, a começar pela boa distribuição dos serviços entre os funcionários e a agilidade de cada um. Trata-se do padrão que se espera implantar na casa.

Não é à toa que se estabelece o prazo de três meses para experiência. E nesses três meses tudo vai se revelando. Ela mesma se demite várias vezes e você quer mandá-la embora outras tantas. Muitas vezes fica evidente que não vai funcionar, seja pela química entre os da casa, seja pelas limitações inevitáveis, mas, de um modo geral, é preciso dar tempo para que tudo se ajuste — ou não!

Já vi gente gostar de um funcionário, mas não ser atendida nas suas expectativas. E também já vi o contrário! Pessoas insuportáveis

> *Precisamos entender que ninguém poderá cuidar do que é seu sem que a própria vida dessa pessoa esteja no mínimo sob controle.*

que, no entanto, atendem às necessidades da casa ou do patrão. São ambiguidades e contrassensos presentes cotidianamente em nossas vidas! Logo, por que não estariam na vida doméstica?

Portanto, insisto, pensar que se você contratar uma cozinheira, uma copeira/arrumadeira, uma lavadeira/passadeira, um motorista, alguém que limpe os vidros e um passeador de cachorro e que desse modo você terá uma casa organizada, tudo isso não passa de uma hipótese.

Acho fundamental que se apresente aos funcionários a casa nos seus mínimos detalhes. Nem sempre os nossos desejos serão entendidos na hora, diante das emoções de um funcionário ao começar num novo emprego. As responsabilidades que envolvem essa lida com o que é do outro precisam ser consideradas. Portanto, certamente, você terá que repetir coisas à exaustão!

Há quem prefere ter uma pessoa mais limitada para os serviços contratados. Outras preferem gente com iniciativa — mesmo tomando providências erradas —, que até elevam o funcionário ao seu *estágio de incompetência*, fazendo e esperando bons resultados! Ela marca e desmarca cabeleireiro e manicure, despacha os cachorros para a *pet shop* com o motorista, manda os zaps ao motorista lembrando de alguma coisa que faltou, chama os táxis pelo Easy ou Uber, atende o telefone que toca em todas as direções, inclusive o interfone, avisando tudo que já é esperado, e por aí em diante.

E é claro que, nesses casos, o trabalho para o qual ela foi contratada vai ficar por conta da faxineira, que, por sua vez, precisará fazer o trabalho de copeira, arrumadeira, além do seu próprio, o da faxina, aquela limpeza mais profunda e minuciosa, nos armários e adjacências, nas estantes e nos livros, na rouparia, na louçaria, na área de serviços que é sempre a mais sofrida e abandonada numa casa. Isso se não existir garagem..., que vira um depósito de coisas inúteis e estragadas pelo tempo à espera de uma decisão.

Se não houver alguém que de fato realize a faxina nesses lugares todos, até o mais desprezado armário onde se guarda restos de obra e coisas que ninguém nem sabe o que é, pode ter certeza que essa *exclusão* levará o resto por água abaixo. Assim como tudo, esse *vírus* se cria deste modo, pelas bordas! E é também pelas bordas que a gente começa a combater isso!

É possível que as salas estejam em ordem, e os quartos também. Mas é só uma questão de tempo para que a *falência* do serviço chegue a esses *setores*!

Muitas vezes a pessoa quer se mudar e nem sabe o porquê! O ambiente vai ficando tão inóspito que *expulsa* até o dono da casa... E isso tudo vai acontecendo de maneira sutil, silenciosa, que ninguém nem percebe! O que dirá identificar...

Quantas vezes fui preparar uma casa para mudança — o que

me obriga a organizá-lá, para poder até mesmo dizer se o novo espaço vai atender às necessidades. E depois, o cliente, ao ver sua casa organizada desiste da mudança! E a casa nova vai para um filho ou vira patrimônio.

Não quero dizer com isso que é a empregada a responsável por todo esse processo, mas contar com o que pensamos que temos — constatar que não temos — é bastante comprometedor para esse resultado.

Portanto, a função de uma empregada tem que ser bem clara, bem estabelecida. Disciplina, condicionamento, e isso se consegue por repetição. E para isso precisamos ter paciência e uma boa cota de... tolerância.

A rotina que necessariamente precisa existir, vai incluir a cozinha, que por si só já é uma função e tanto. Limpeza de geladeiras, que com o advento do *frost free* caiu em esquecimento... os *freezers* então dão o que fazer! Os utensílios que hoje são lindos, mas que ficam com a pior impressão se não forem devidamente limpos ou, ao menos, se não forem usados de maneira adequada.

Criou-se a cultura de que as coisas não precisam ser limpas... Até vejo que na Europa, por conta do clima ser seco e frio na maior parte do ano, de fato, as coisas se mantêm limpas por mais tempo.

Ter uma diarista apenas uma vez por semana para manter a casa limpa funciona se você for organizado. Mas aqui, nos trópicos, com o calor e a umidade, é preciso ter muito cuidado porque tudo se transforma em mofo! Em qualquer área da casa há mofo, que é vivo. Cresce! Além do cheiro, ainda provoca alergias incontroláveis!

Já diziam minhas velhas tias: "É pelo avesso da costura que se vê a qualidade da roupa." É claro que ninguém está interessado

Escolha a melhor maneira de viver e a rotina a tornará agradável.

em ver defeitos com lupa, mas, quando algo está caótico, nós conseguimos ver os problemas até de olhos fechados! Pelo cheiro! Porque bagunça e sujeira andam juntas!

Uma geladeira mal arrumada, com comida tampada por papel laminado ou plástico filme, tem cheiro de geladeira. A infinidade de *tupperwares* que encontro incompletos — dos mais variados tamanhos e tipos —, mal conservados e sem higiene, de nada servem. Por exemplo, às vezes encontro potes lindos, vazios, e os grãos e farináceos nas embalagens de fábrica fechados por um pregador de roupa, quando na gaveta se encontram fechadores próprios para isso.

Portanto, voltando ao que se espera encontrar numa boa empregada, o que eu posso dizer, pela longa experiência que tenho auditando casas e convivendo com os mais variados tipos de pessoas, tentando explicar e implantar qualquer sistema que ajude a dar qualidade e facilidade ao trabalho de quem faz ordem na casa, é que cada casa é única, e, consequentemente, os empregados que se adaptam também se tornam únicos! No entanto, eles precisam ser construídos e ajustados e, sobretudo, compreendidos nas suas limitações e competências.

Já encontrei empregados que mudaram de casa e ficaram melhores! E outros piores... para mim, é claro! Certamente, o que considero *pior* pode estar atendendo à casa a contento!

Também posso afirmar que ordem não depende de serviço. Podemos viver bem, de maneira organizada, sem nenhuma ajuda nos serviços necessários que uma casa pode demandar, mas nesse caso você precisa ter, além de tempo e disposição, um pouco de gosto pela vida doméstica.

A CASA LIMPA

Costumo dizer que limpeza carrega um conceito absoluto. Ou está limpo ou está sujo. Não há meio termo: "mais ou menos limpo", "dei uma limpadinha", isso não existe! Limpo é limpo.

Obviamente, limpar é retirar a sujeira. Como? Eis a grande questão diante da quantidade e da variedade de produtos de limpeza.

O pior é a promessa do milagre! Limpar sem esforço! O produto limpa sozinho e nem precisa retirá-lo! É claro que nem sempre sabemos o que acontece quando um produto é aplicado e depois convive com o meio ambiente. Tenho certeza de que as manchas amareladas nas paredes são os fantásticos produtos que fazem esse favor...

Perdemos os parâmetros! Que, afinal, são tão absolutos quanto o que já disse sobre limpeza versus sujeira.

A toda hora me perguntam como se limpa isso ou aquilo, quantas vezes por semana, ou mesmo me pedem para construir um cronograma de trabalho para faxineiras ou funcionárias domésticas, porque nem elas — profissionais do ramo com todos os direitos que conquistaram — conseguem fazer uma rotina de trabalho que atenda e atinja os resultados esperados: uma casa limpa com seus móveis e utensílios também limpos!

Essa área, hoje muito precária, talvez diante da sujeira que nos cerca, realmente precisa de esclarecimentos básicos. E, acima de tudo, não se deixe convencer de que os produtos são tão fantásticos e que basta um toque de mágica!

Tenho acesso a lugares públicos de todos os padrões. Vejo muitas sofisticações nos banheiros: música, flor, velas, difusores e cheiros mais ou menos variados e refinados. Papéis variados, inclusive para se forrar o vaso sanitário, sabão líquido e o sólido — sempre sujo ou seco —, gel antisséptico, enfim, tudo isso está à disposição, mas quando reparo na lixeira, seu pedal está quebrado e, portanto, ninguém quer abrir a tampa se abaixando, até porque, apesar de linda, ela está suja! As maçanetas e trincos, sujos; portas que rangem; o botão da descarga manchado de outras mãos — e antigas! —, paredes sujas, enfim, fico pensando que não ter trabalho dá trabalho!

Seria muito mais honesto ter o banheiro limpo, básico, que afinal é uma área utilitária e que necessita de higiene! E ainda estaríamos *educando* um pouco aqueles que limpam esses lugares. Seria uma contribuição para os bons hábitos, que acabam sendo somatizados à medida que vão sendo condicionados à nossa vida.

Limpar é tirar a sujeira. E é preciso saber achar a sujeira para se poder limpá-la. Observar onde ela se acumula, porque nun-

Não há meio termo: "mais ou menos limpo", "dei uma limpadinha", isso não existe! Limpo é limpo.

ca está no lugar em que as pessoas sujam mais. Ao contrário, é sempre onde não usamos, não chegamos lá, seja pela dificuldade de acesso, ou mesmo pela falta de uso.

Depois da limpeza é que vem o desinfetante. Existe um equívoco quando se resolve que os produtos de limpeza todos têm a mesma função. Uma coisa é limpar, outra é desinfetar. Muitas vezes é preciso que o produto haja como um emoliente da sujeira a ser removida. E só. Depois é que vamos desinfetar, perfumar, se quisermos, e enfeitar! Mas primeiro vem a higiene, a saúde do lugar.

Há todo um debate em torno do detergente versus sabão em pó. Claro que tudo é sabão. Tudo lava, mas não há necessidade de se usar um desengordurante onde não se tem gordura! É a mesma coisa que se matar uma formiga com um revólver!

É comum encontrar detergente no tanque de roupas – onde não tem gordura… – sendo usado como sabão. E também encontro sabão em pó sendo usado como lavador de chão, quando na verdade é um sabão para lavar roupas e não um chão frio, porque faz muita espuma!

O fato de fazer espuma não quer dizer que esteja limpando o tipo de sujeira que se encontra num chão de restaurante, por exemplo, onde deve ter gordura e de fato precisa ser lavado com detergente, que faz menos espuma do que o sabão em pó!

Na maioria das vezes a limpeza de um piso terá melhor resultado se usarmos um produto que, além de fazer uma suave abrasão (um saponáceo), tem um pouco de cloro na fórmula, para clarear as juntas e remover o que está grudado, esfregando! Nada, mas nada mesmo nessa área acontece sem o esforço humano.

O que será melhorado com os produtos é a infinidade de acessórios com que podemos hoje contar, como as buchas que riscam menos do que o nosso bom e velho Bom Bril. Com os abrasivos cremosos — Cif Cremoso, que eu adoro! —, que fazem um atrito incomparavelmente mais suave do que o maravilhoso Sapólio Radium — em pedra! —, podemos manter as preciosas marcenarias brancas que fazem os ambientes *clean* se manterem *cleaned*.

Mas, diante da quantidade e da variedade de ingredientes que hoje se misturam na atmosfera, e as mudanças climáticas com o excesso de calor e vapor, que depois se transforma em mofo; por conta da quantidade de etiquetas e de colas que não saem, por mais exigentes e disciplinados que sejamos, ninguém tem tempo a perder fiscalizando se há poeira em cima das portas, passando o dedinho sobre elas! Essas poeiras que se agregam à maresia e depois são espalhadas nas superfícies pelo pano de pó — sujo e mal passado! —, tudo isso só tem um jeito de ser removido: Faísca! Varsol!, que veio para substituir o maravilhoso Querosene, que antigamente se usava para a limpeza e a manu-

A limpeza é a alegria da casa.

Danuza Leão

tenção dos pisos encerados e móveis de madeira de lei! E que ainda tinham a propriedade de espantar os cupins!

No entanto, nem todo mundo gosta do cheiro desses poderosos produtos oleosos, removedores, apesar de haver a versão melhorada e domesticada da Faísca — sem cheiro!

Agora vamos tratar do álcool na limpeza. Hoje ele é praticamente mais um produto de limpeza e menos de desinfecção, porque o fator etílico foi controlado — não sei o porquê? Talvez, por conta do risco de incêndio ou coisa que o valha. E, como produto de limpeza, ele é muito usado para limpeza de vidros, porque evapora e deixa tudo mais seco. Porém, com o advento do Vidrex, o uso do álcool ficou mais limitado aos lugares que queremos que fiquem bem sequinhos ou mesmo para tirar algum tipo de mancha (das fórmicas, por exemplo). Depois de tiradas as manchas, se ficarem bem secas, não ficam com aquelas marcas que vemos contra a luz. Aquela névoa que não dá a impressão de limpo.

Os metais também precisam de manutenção e limpeza: os cromados, dourados, tudo precisa ser limpo. Apesar do nome inoxidável, até mesmo o aço inox oxida, isto é, escurece e acaba enferrujando, e fica com aspecto desagradável, de coisa maltratada.

Calor e umidade juntos é a fórmula perfeita para tudo se deteriorar.

O que está em questão, quando se trata de limpeza, é que se está buscando retirar a sujeira. Se não fizermos isso devidamente, estaremos apenas movimentando esses elementos de um lado para o outro, o que favorece os estados alérgicos, estraga tudo que temos e, finalmente, não traz qualquer valor ou vantagem em área nenhuma.

Como me tornei uma pessoa totalmente alérgica, não concebo qualquer limpeza que não seja acompanhada de um aspira-

Calor e umidade juntos é a fórmula perfeita para tudo se deteriorar.

dor de pó — e dos bons! — e uma vassoura de fibra de piaçava, com um pano úmido, quase seco. Portanto, baseada nesse princípio, aqui vai uma boa fórmula de limpeza de uma sala:

— Tirar o pó dos móveis e enfeites por área, com flanela seca, polindo com vigor os metais existentes, tais como: maçanetas, dobradiças, espelhos de chaves, corrimãos, batentes de metal, enfim, tudo que brilha;

— Limpar com pano seco apenas as molduras dos quadros, os enfeites e porta-retratos, se houver;

— Passar aspirador nos tapetes, se houver, virando as bordas onde for possível, ou no chão, onde se esconde a poeira e também onde a poeira é escondida por quem fingiu limpar;

— Aspirar os estofados, retirando as almofadas e recolocando no lugar ao final;

— Passar pano úmido bem torcido, com um pouquinho de Faísca ou algum removedor oleoso diluído na água. Atente que os pisos de madeira precisam de pano quase seco para não se estragarem. E precisam estar bem secos para se colocar o tapete de volta;

— Pisos de mármore, dependendo do acabamento, exigem produto próprio para mantê-lo saudável e sem escorregar, além do pano úmido na vassoura;

— O mesmo para os porcelanatos;

— Ladrilho hidráulico precisa de um pouquinho de abrasão e, portanto, vai ter que ser um pouco mais esfregado.

O importante é retirar a sujeira. O pano deve ser enxaguado sempre para estar limpo — inclusive, é uma boa maneira de saber se o lugar ainda está sujo.

Nota: vejo as pessoas passando o pano sem olhar se o que estão limpando ficou limpo! Seja por falta de atenção ou interesse, ou porque os óculos estão fracos e a pessoa não percebe. Ponha óculos e veja o que você está fazendo. Basta olharmos o que estamos limpando, seja contra a luz, seja até mesmo passando a mão, o dedo. Poderemos então sentir a sujeira. Eu mesma me assusto quando estou com os óculos certos e percebo o que não estava vendo... isso acontece com todo mundo! Vamos nos acostumando a ver mais ou menos, e muitas vezes é mais conveniente que seja assim!

Limpe cada cômodo da casa. Aconselho que se comece e termine cada cômodo, para que a casa não fique inteira de pernas pro ar! Com as interferências do dia a dia — telefone e campainha tocando, mensagens que chegam e precisam ser respondidas enquanto tentamos fazer logística doméstica o tempo todo. Acaba que não terminamos nada direito. Ao passo que, de cômodo em cômodo, temos um controle do que ficou terminado naquele dia. Até porque, numa casa movimentada, pode chegar alguém a serviço ou a passeio a qualquer momento. Até mesmo a dona da casa pode voltar, porque mudou de ideia! E como me disse outro dia Danuza Leão, citando um velho livro português, "a limpeza é a alegria da casa".

Se você achar que tudo ficou limpo demais, arrumado demais, não se preocupe. Sujar e desarrumar é a via natural da vida. É viver!

A CASA VIVA

A casa é um organismo vivo, e como tal tem vida própria. Assim como nós, ela poderá ter uma vida saudável, com seus horários, sua rotina, ou sofrer permanentes impactos com excesso de vida ou a falta dela.

Dizer que deveríamos ter nela apenas o essencial para nossas vidas e que essa medida vai consertar tudo que não vai bem, é mais ou menos como dizer que beber água faz bem, que muito açúcar não é bom, que sal demais faz mal, e que evitando isso todos os seus problemas de saúde serão resolvidos.

É óbvio que se possuirmos apenas o que necessitamos realmente, estaríamos com tudo em uso constante. Claro que desta forma não teríamos que lutar contra o mofo, os fungos, as manchas amarelas de roupa guardada. Mas sabemos também que se usarmos tudo que temos, teremos um permanente exercício de reposição do que vai se esgotando, o que deixa também evidente que teremos uma pressão permanente de fazer o dever de casa em todos os dias de nossas vidas, isto é, um horror!

Olhar os panos de prato todos os dias para ver se estão em ordem, ver se tem copo ou louça bicada, enfim, uma chatice constante de supervisão do que se usa. Nem nós podemos viver como um relógio, nem a casa foi criada para ser vivida assim.

A casa é um lugar sagrado, onde nos refugiamos, nos escondemos, nos abrigamos e, portanto, não pode ser um colégio interno! Podemos fazer bagunça sim! Você pode guardar tudo de que gosta, porque quer ter ou porque precisa!

Até mesmo no internato se faz bagunça! Fui interna no colégio Bennett e quase fui expulsa do internato por causa de bagunça, embora tivesse sempre as melhores notas na arrumação! Portanto, uma coisa não tem nada a ver com outra.

Uma casa organizada se justifica para fazer o que quisermos nela, com a certeza de que tudo tem seu lugar certo, e para ele voltará, seja quando você tiver vontade de recolocar as coisas no seu devido lugar ou quando houver quem o faça. Isto é, ter uma casa organizada é uma carta de alforria para você se sentir mais livre!

Eu, se pudesse, tinha uma estátua da Liberdade em minha casa, tal o valor que dou à Liberdade! De ter, de ser, cada um com seu jeito de viver a casa. Não existe um método único. Cada casa tem sua história e muitas vezes a própria casa carrega uma história, e com ela... seus limites!

Desenvolvi como *técnica* uma forma que é baseada na única coisa que faz alguma coisa acontecer: ação e bom senso. Agir, pegar na enxada! Movimentar as coisas que estão em questão para serem reunidas ao seu *setor*; depois de triadas e finalmente limpas vamos poder estudar onde serão locadas e mantidas. Exemplo: reunir as revistas da casa para decidir quais temas serão guardados e até quando; separar os livros lidos dos não lidos, definir quais temas ficarão onde, e dentre os temas, quais serão os que queremos guardar. Muitas vezes não temos uma biblioteca para guardar tudo num lugar só.

A ordem /organização na minha vida me remete à saúde mental e física. Mental no sentido de harmonia, de bem-estar, e física na questão da limpeza.

Izabel Vasconcelos

É comum ter pela casa várias estantes, porque nem sempre planejamos espaços com folga, prevenindo expansão. Então vamos colocando esses apoios e adaptando a casa às nossas necessidades, mas como nem sempre temos disponibilidade para fazer um remanejamento para classificar os temas dos livros, acaba tendo um pouco de cada assunto em todas as estantes. Portanto, aconselho que se definam os temas e os volumes de acordo com os espaços existentes, considerando sempre a expansão natural que acontece, porque a única razão de se guardar os livros ou qualquer coisa que nos interessa é poder encontrá-las quando quisermos!

Bom senso é fundamental, porque sem ele não vamos chegar a parte alguma! Nessa função organizacional não teremos tempo de perguntar ou mesmo ter certeza de qualquer verdade, já que partimos do princípio de que cada verdade da casa ou de seus ocupantes é a única. Ali, naquela casa! Por causa disso, temos que praticar o bom senso, para que possamos fazer sugestões com bases na nossa sensibilidade de perceber as sutilezas que conduzem a pessoa a fazer a bagunça que depois tanto incomoda, com algum argumento ou lógica que a convença de se ajustar às possibilidades que se apresentam para então conquistar a ordem que buscamos, e que temos a certeza de que vai trazer benefícios que vão suplantar o esforço de adaptação aos novos hábitos, costumes e caminhos!

Dominar a sua casa e os seus pertences é a certeza de se ter o controle da sua vida. Não tenho clientes dependentes justamente para deixá-los livres para a escolha do momento de botar a casa em ordem – comigo ou não. Até porque, como vamos criando hábitos, que podem até ser confortáveis, os quais vão *poluindo* a casa, costumo sugerir que se encontre uma estrutura para esses hábitos, criando, assim, mais conforto para eles.

Exemplo: se você chega em casa e deixa as chaves espalhadas sobre uma mesa, pode colocar uma bandeja ou um pratinho ali. Dessa maneira, fica instituído que ali é o lugar das chaves.

Às vezes, as pessoas acham que o *improviso* dá um ar mais descontraído. Acontece que muita descontração vai informalizando excessivamente os ambientes, e por fim as pessoas concluem que está tudo uma bagunça. É apenas uma questão de se criar uma maneira mais elegante e ajustada de apresentar a tal *bagunça*.

Outro exemplo: se deixamos a bolsa ou o casaco na cadeira do quarto, porque não se colocar ali um cabideiro que agrade e que receba aquilo em vez de uma coisa despejada, se amassando, numa cadeira com a bolsa por cima — ou por baixo, perdida, com o celular dentro? E isso ainda impede que se use a cadeira para sentar.

Há quem tema a casa "arrumadinha" demais, mas não se preocupe, repito, difícil é implantar a ordem. A bagunça se constrói sozinha! É natural da vida!

A CASA GORDA

Sem que percebamos, assim como em nosso corpo, vão se criando gorduras, *adiposidades*, que só nos damos conta quando a roupa não cai bem. É a mesma situação de quando arrumamos a casa, e arrumamos de novo, mas nada parece organizado, não fica confortável, com a sensação de que está frouxo.

São as *gorduras* da casa. São aquelas coisas inúteis, que nem sempre apreciamos, e que vão se espalhando, se escondendo por entre as outras coisas, tirando assim a clareza, a nitidez que a gente tem falado.

Mesmo as coisas de que gostamos vão ficando sem brilho, diante da *poluição* que vai se criando no entorno. Isso acontece no armário de roupas, passa pelo banheiro, cozinha, serviço, enfim, vai se estabelecendo, e passa a ser o padrão da casa, confundindo os setores com essa miscelânea. Por fim, nem mesmo sabemos como tudo aquilo foi parar ali.

A quantidade de lixo que conseguimos tirar quando severamente avaliamos cada um desses espaços é uma coisa impressionante. E essa falta de clareza nos assuntos dificulta muito a limpeza, a manutenção.

Há momentos muito simples da vida, por exemplo, quando se acrescenta um produto novo na sua rotina, ou quando é preciso fazer qualquer intervenção, como trocar uma carrapeta da pia, ou até mesmo porque estamos procurando alguma coisa, é saudável fazer uma higiene mais profunda naquela área, tirando partido da situação. Mas quando a situação é confusa e os assuntos estão embaraçados, acabamos postergando qualquer atitude, esperando pelo momento ideal para corrigir qualquer coisa, depois de constatar a miscelânea de assuntos que precisarão encontrar o seu destino!

É muito comum escutar esta frase: "Deixa, põe isso aí de qualquer jeito que depois vou arrumar com calma!" Posso adiantar que essas tarefas precisam mais de vigor e determinação do que de calma.

Se cada setor está sofrendo do mesmo mal, vai ser uma epopeia para desembaraçar a casa! E essa calma, como um estado de espírito permanente, é coisa que se tornou outra virtude em escassez...

Costumo comparar com cabelo embaraçado: primeiro, temos que desembaraçar, para só então sabermos se ele vai ser cortado, pintado, alisado ou frisado! E depois, tratar!

Parece tudo novo!

Marisa Peixoto

Portanto, se pudermos, será ótimo evitar a auditoria generalizada, que é mais trabalhosa e naturalmente mais caótica — porque envolve a casa inteira. Considero mais adequado criar uma suave disciplina para o cotidiano, de maneira que tudo vá se acumulando num só lugar, a partir de onde nós podemos triar e depois distribuir, colocando as coisas nos seus respectivos lugares (domicílios!). Ficará mais fácil e agradável de fazer essa função dessa maneira, porque vamos ter um único depósito, que vai ser o centro de distribuição, e desse modo você poderá agir em cada setor de acordo com a sua conveniência e disponibilidade.

Exemplo: papéis — se ao menos estiverem reunidos numa gaveta para serem selecionados e num momento oportuno encaminhados ao seu arquivo, ou pasta, além de não estarem espalhados, poderão ser vistos num só momento e se não puderem ser terminados naquele dia, retornarão ao lugar de passagem, aguardando o próximo momento oportuno. O contrário disso seria ter esses papéis em todos os lugares da casa, onde eles pudessem ser enfiados para dar a impressão de casa arrumada.

Ainda há outro fator, a limpeza, tanto dos espaços quanto do conteúdo dos espaços. É muito mais difícil limpar coisas que não apresentam uma forma e que estão com as poeiras acumuladas. Óbvio: é muito mais fácil limpar o que está quase limpo do que sujeira acumulada em cima de sujeira. Há situações em que somente um removedor pode fazer com que as camadas de sujeira sejam removidas.

As cabeceiras também são sempre depósito de coisas duvidosas, que na maioria das vezes nem sabemos porque guardamos aquilo — e muito menos ali! O melhor método para prevenir situações desse tipo é ter um mínimo de disciplina, ou dar orientação aos empregados e faxineiros para que coloquem papéis e outras coisas rotineiras que entopem nossas casas num lugar específico, para que sejam trabalhados, e depois tomarem seu rumo: o lixo ou os arquivos que toda a casa deveria ter.

O mesmo processo deveríamos aplicar nos armários e closets, porque as roupas seguem a mesma conduta. Guardamos roupas que muitas vezes nem cabem mais na gente! Nem no tamanho nem no estilo. A austeridade na seleção das roupas tem que ser muito bem elaborada, vislumbrando sempre que espaços vazios podem ser muito criativos.

Quando viajamos – mesmo quem leva muita roupa, não está levando tudo o que tem –, é comum percebermos que fizemos tantas combinações de roupas que funcionaram tão bem e nunca tinham sido exploradas! E com muito menos material para fazer as produções!

Também escuto com frequência que, com tanta roupa no armário, algumas pessoas acabam vestindo as mesmas roupas todos os dias – quando não é de ginástica! – de tanta preguiça de procurar outra produção que dê certo, de tão confuso que está o armário...

Portanto, só podemos concluir que até para podermos aproveitar mais o que temos é preciso que não haja interferência de tantos outros assuntos, muitas vezes poluentes!

Nitidez! HD! *High Definition!*

Não estou querendo dizer que temos que jogar fora coisas de que gostamos, ou mesmo coisas que podem ser úteis em alguma situação. Até mesmo os manuais de instruções, tão discutidos como uma coisa que ninguém usa, podem ser úteis até como um controle dos utensílios que temos em casa, diante da quantidade de equipamentos que hoje uma casa possui.

Já encontrei pessoas enlouquecendo para descobrir a marca da bomba de pressão que pifou e que está instalada no sótão, e é preciso informar ao bombeiro qual a marca para que ele já possa vir com a peça necessária para consertá-la. Já vi também pessoas que queriam jogar fora papéis velhos, os quais depois foram úteis para comprovar laços sanguíneos para um passaporte estrangeiro — coisa que hoje se tornou um grande trunfo na vida de qualquer um! Agora, então, nem se fala! E, por acaso, junto a esses mesmos papéis velhos, que seriam jogados fora, encontrei ações ao portador!

Por causa disso eu insisto que até para se jogar coisas fora devemos ter tudo em ordem. É um modo de termos a certeza de que não há mais nada misturado que possa ser útil ou mesmo que tenha valor.

Se fizermos isso periodicamente, em cada setor da casa, tirando o que não é útil, consertando ou renovando o que encontramos quebrado e limpando o domicílio das coisas que estão em julgamento, tenho certeza de que todos emagrecerão junto com a casa, além da imensa satisfação de se ter feito o dever de casa.

OS COLECIONADORES

Falo há muitos anos que temos três razões para guardar coisas:

1ª — Porque precisamos dessas coisas, são úteis, necessárias para a nossa sobrevivência;

2ª — Porque gostamos dessas coisas, de tê-las ou usá-las;

3ª — Porque não conseguimos nos livrar, e isso vale para tudo, inclusive pela memória que certas coisas representam como referências de vida, da nossa ou da dos que nos são queridos.

Aconselho sim, que se cuide do que se tem. Que se use ou que se limpe, mesmo sem usar.

Certamente, ninguém gosta de guardar imposto de renda e seus comprovantes, mas precisamos guardá-los, de maneira correta e no setor certo, para quando precisarmos. É importante podermos encontrá-los com a devida facilidade, estando em ordem para o uso.

Já falei de leve sobre isso com relação às roupas, porque também se aplica o mesmo pensamento. Há coisas que não gostamos de ter, mas em certas ocasiões será necessário tê-las à mão e em bom estado.

Quem um dia na vida não disse: "Não consigo me livrar disso"? Ou: "Há anos que isso me acompanha e nem mesmo sei o porquê". Não costumo chamar meus queridos clientes de acumuladores — digo "queridos" porque são eles os possuidores da matéria-prima com a qual eu trabalho! Nem mesmo tento fazê-los jogar fora o que possuem só porque não é bom ter muita coisa, ou porque o *feng shui* diz que só devemos ter coisas essenciais e pronto.

Justamente por compreender que vamos guardando coisas ao longo da vida, por algwuma razão, que a questão não é apenas possuir. Defendo a tese de que podemos ser livres de regras para sermos felizes — seja com muita ou pouca coisa.

Há quem gosta de comprar e igualmente de dar. De esvaziar os armários da casa, renovando sempre as suas coisas. Outras pessoas gostam de coisas novas, mas são mais retentivas e têm prazer em colecionar.

Avaliar essas coisas é um exercício permanente para essas pessoas, e vejo que há uma dificuldade de se desprenderem não apenas do material, mas também da memória que aquilo provoca. Ora, se funciona dessa maneira, posso confessar que jamais tive a pretensão de atingir com esse trabalho o âmago dos meus clientes, despertando assim *seus fantasmas ou suas fadas* sem ter qualquer embasamento nessa área.

Esse excelente trabalho organizou a minha cabeça com a sua 'familhagem'! Nunca mais perdi alguma coisa, pois sei que invariavelmente terá que estar junto da sua FAMÍLIA.

Sonia Regina

Quantas vezes nossos sonhos se tornaram realidade e a prova está ali! Num papelzinho ou numa caixa de fósforos de algum lugar onde estivemos e foi *onde tudo começou*... Quem sabe meu cliente é um romântico e precisa desse suporte para manter viva essa veia!

Moramos num país onde ainda há espaço e serviço. Não vi apartamentos aqui com necessidade de se colocar a cama presa em pé na parede para se poder andar. E não serão esses os clientes que vão me pedir ajuda, até porque, nesse caso, não haverá nem mesmo espaço para acumular, ainda mais com ordem.

As coisas, quando guardadas adequadamente, criam *dignidade*! E, como tudo, nessa área da conquista, crescem! Até na altura você pode crescer se vier a se sentir importante numa situação!

Inclusive, as pessoas que mais me procuram são justamente as organizadas, que querem aprimorar sua ordem, tirar mais partido dos espaços que dispõem, melhorando assim o acesso aos seus pertences, de maneira facilitadora tanto para o uso quanto para a manutenção e o método.

Atendo pessoas há trinta anos das mais diferentes origens, classes sociais, princípios de bem viver. Carrego uma experiência respeitável. Pude constatar que cada pessoa tem suas razões — e não são poucas nem banais —, para se poder julgar levianamente, ou agir de forma irresponsável, deixando emoções desarrumadas, à flor da pele, só porque *jogar fora faz bem*.

Faz bem para quem? — eu pergunto.

Aconselho sim, que se cuide do que se tem. Que se use ou que se limpe, mesmo sem usar. Ter talheres de prata sem uso vai exigir limpeza de qualquer jeito, então, melhor usá-los. Roupas, idem. Se não consegue usar e quer ter, quer guardar, então vamos adequar os armários para isso. Será necessário lavar as roupas de vez em quando. Toalhas de mesa, aquelas lindas e antigas, apresentam costumeiramente aquele ponto que começa amarelo e depois se torna um buraquinho! Mas uma coisa é certa: as bagagens nem sempre são tão óbvias.

Uma vez atendi com minha sócia, naquela época, uma pessoa que nos pediu que organizássemos a sala dela, e queria que puséssemos estantes de metal só para colocar seus papéis. Achamos que eram documentos: não eram! Eram resmas de papéis timbrados, de diversos lugares onde ela trabalhou, e que tinha *colecionado* ao longo da vida e estavam em desordem, em todos os sentidos. Nós fizemos essa ordem, agrupando os papéis *por família*, acompanhando a cronologia dos trabalhos e conseguimos que tudo coubesse na tal estante e ainda de maneira harmoniosa, compondo a sala.

Essa experiência me fez perceber várias coisas. Entre elas, que devo respeitar o que é importante para o cliente. Mesmo que eu não esteja de acordo, devo me envolver com o assunto para interpretar o que esperam de mim. Como um ator, que mesmo não admirando seu personagem, tem que interpretá-lo, e bem! Afinal, não importa o que se quer guardar. O que interessa é como fazer isso da melhor maneira possível. Basta que se crie um lugar e que se se dê uma forma para o que se quer guardar, e pronto!

Outra vez a cliente queria ter suas ferramentas à mão, e não havia lugar. Compramos uma cesta antiga, parecia um bauzinho, e colocamos no chão, num cantinho, enfeitando a sala, e ali ficou a cesta, parecendo que tinha nascido ali!

Acho engraçado porque a toda hora alguém me conta que viu na TV um programa, e lembrou de mim, porque nunca viu tanta bagunça e tanta coisa guardada. São os acumuladores. Essas pessoas não serão meus clientes, porque está visto que se trata de uma patologia, e como tal, é preciso estar no ramo para poder tratá-los.

Como minha técnica de avaliação começa reunindo os temas, é desse modo que vou encontrando repetições, que às vezes nem sabemos existir. Nessa situação, de fato, devemos eliminar essa duplicidade. Isso funciona na cozinha, nas roupas, sapatos, bolsas, livros, revistas, CD, até mesmo fotos.

Ainda descobri outra razão para as duplicatas! Um dia organizei um grande armário de roupas e percebi que a cliente tinha dois, às vezes três vestidos, de cada modelo. Não me atrevi a perguntar, mas ela quis me explicar que quando comprava qualquer coisa era porque gostava, e portanto, queria ter por muito tempo, usar muito! Compreendi completamente porque me lembrei quantas vezes fiquei com pena quando uma coisa que eu gostava muito gastou, manchou, ou mesmo perdi...

Logo, fica aqui meu testemunho de que para se fazer alguma coisa para os outros, principalmente um trabalho tão delicado e de tanta responsabilidade, é preciso ter sensibilidade para poder perceber com o que estamos lidando.

Papéis velhos, guardados, eram o *tesouro* da cliente. Graças a Deus não fizemos qualquer comentário na primeira visita, quando ela nos mostrou os volumes de papéis misturados, mal acomodados e sujos.

Só não disse que era com isso que iríamos *decorar* a estante nova da sala...

O PROCESSO DA MUDANÇA

Uma mudança — como o nome já diz — é uma oportunidade de transformação... Mudar de estilo de vida, mudar de vida, de vizinhança e de todo um entorno e, assim, descobrir coisas novas em geral.

Todo o processo de mudança compreende adaptações e envolve a capacidade de cada um em se adaptar a novos contextos. Já vi muita gente que mudou – de lugar – mas o lugar antigo ficou na pessoa. E capacidade de adaptação se discute no consultório do analista e não na casa e nem com quem fez a casa.

Também já assisti muita gente brigando com os espaços por querer organizar ou simplesmente arrumar uma casa nova com espaços e situações práticas completamente diferentes das antigas, e querer que fique igual à outra... É um contrassenso, até mesmo em relação ao que a palavra "mudança" pretende expressar.

"Mudança" vem do verbo "mudar". Mudar de casa, mudar de hábitos, mudar de um espaço maior para um menor e vice-versa, mudar de necessidades, enfim, uma mudança oferece muitas possibilidades, inclusive de se mudar o tamanho da bagagem que pretendemos carregar pela vida à frente.

Falando de mudança por meio de um olhar mais abstrato, podemos considerar que ela começa quando o novo espaço começa a tomar forma, falar mais alto, e os projetos e ideais já não estão mais onde se está instalado. É a partir daí que começa o perigo da confusão da mudança. Apesar da mudança em si não ter começado, é nesse momento decisivo que pode começar a confusão.

Tudo que se compra para a casa nova vai se acumulando na casa antiga, esperando a casa nova ficar pronta. E a casa nova não fica pronta, e a casa antiga vai se tornando um depósito de expectativas e ansiedades. É quando começa a pressão em cima dos engenheiros, dos arquitetos que não mandam os detalhes de acabamento, e vai crescendo a impaciência, e o bom senso vai diminuindo, dando espaço a uma intolerância, e vai se formando um festival de cobranças de tempo e da qualidade dos serviços, que com a pressão vão ficando mal acabados. Enfim, tudo vai por água abaixo — o sonho, o prazer de uma casa nova, tudo isso vai embora dando lugar a uma imensa frustração...

Já vi casais se casando para terem uma casa nova e depois se separando por causa da casa nova; vi pessoas colocando pessoas na justiça; outras, que depois de conviverem alguns anos diariamente por conta de obra, se tornarem os piores inimigos, e tudo isso poderia ser evitado se houvesse um bom planejamento. Não de obra, mas sim de sobrevivência!

Bastaria apenas que a casa onde se está vivendo estivesse sendo mantida como se não houvesse outra casa. A não ser que a mudança seja uma urgência por conta de uma operação casada de compra e venda de imóvel, ou um contrato de aluguel com multa, e outras excessões que, afinal, também dão um limite que já se espera e já sabemos que sempre é necessário um plano B de vida!

Agora, do ponto de vista técnico, a mudança é por si só um movimento drástico e violento, se considerarmos que estaremos deslocando — de uma só vez! — coisas que se acumularam aos poucos, e ao longo da vida. Seja ela longa ou não, não importa. Sempre será proporcional ao movimento em questão.

Desde a primeira mudança que fiz, inclusive carregando as coisas no meu próprio carro, percebi que era melhor mudar as coisas por *artigo*, e não por cômodo, e na ordem de prioridade da vida da casa. Exemplo: se a pessoa tem de dormir a primeira noite na casa nova, então a prioridade será sua roupa, banheiro, cozinha e serviços. Depois é que vem o transporte de cristais, livros, escritório, áudio e vídeo etc.

Mas, se a pessoa estiver viajando com a família, a mudança poderá ser feita pela ordem de fragilidade das coisas. Exemplo: roupas — ficam muito amassadas; o melhor é pendurar o maior número possível e, assim, defender o que ainda está em bom estado. Já as dobradas podem esperar um pouquinho. Depois, o material de banheiros, de cozinha e área de serviços — por serem artigos de primeira necessidade e também perecíveis. Qualquer acidente vai gerar ainda mais trabalho. E depois, transporte das louças, pratas e cristais, para que também se possa ter o controle e evitar algum acidente. Por último, o escritório com os papéis e documentos.

O transporte de quadros e tapetes vai depender se já existe uma previsão de lugar e se os móveis já estiverem também definidos. Aproveitar o pessoal da mudança para ajudar a colocar essas coisas que dependem de ajuda e força é uma medida a ser combinada, e atente se os tapetes estão limpos antes de os pôr no lugar certo. Se não, ao contrário do que se pretende, vai se criar um problema, e ainda na hora errada! Os quadros sempre ficam por último, porque tudo o mais tem que estar no seu perfeito lugar para que se possa saber onde serão pendurados.

Já houve mudança em que só uma parte da casa estava pronta para receber a mudança. Dessa forma, pudemos guardar sem problemas o que ainda aguardava o seu lugar definitivo, como livros, quadros e outros objetos de decoração, que não são necessários para a sobrevivência inicial.

Se deixarmos que tudo vá sendo embalado por cômodo, algumas coisas que estão em determinados cômodos na casa antiga, por falta de espaço, e que na casa nova terão outro lugar previsto e mais adequado, seremos obrigados a abrir embalagens para procurar artigos ou encontrar outros que não estão na pauta de prioridades daquele momento.

Já fiquei uma mudança inteira procurando os travesseiros do quarto do casal, os quais finalmente foram encontrados, junto com as "Almofadas da sala"! Ou porque alguém levou os travesseiros para ficar deitado no sofá da sala ou porque o pessoal da

No processo de mudança percebi a oportunidade de descartar o desnecessário e assim ter mais espaço para poder encontrar coisas que acreditava perdidas, ver as roupas penduradas em tons decrescentes e gavetas organizadas de forma lógica, facilitando o dia a dia. Até dinheiro esquecido encontramos! Foi uma verdadeira alegria!

Alice Kahane, ginecologista

mudança resolveu "completar" uma caixa com a roupa de cama, que saiu por último da casa antiga, junto com a embalagem da sala.

Já tive também minha bolsa embalada com tudo dentro — inclusive as chaves do meu carro —, e só fui achá-la quando recebemos a mudança na casa nova. Minhas chaves estavam junto com a poltrona da sala.

Portanto, tenho treinado os que me acompanham em mudança ou mesmo o pessoal que é contratado pelo cliente para fazer a mudança sob minha supervisão, de modo que não misturem os artigos.

Louça é só louça! Prata é prata; cristais são apenas coisas de cristal; panelas vão com os artigos de cozinha; documentos são papéis; revistas e livros não se misturam com papéis. Essa clareza vai facilitar muito qualquer situação imprevisível, coisa que numa mudança é o que não falta!

TEORIA DAS JANELAS QUEBRADAS

"A deterioração da paisagem urbana é lida como ausência dos poderes públicos, portanto enfraquece os controles impostos pela comunidade, aumenta a insegurança coletiva e convida à prática de crimes.

Essa tese, defendida pela primeira vez em 1982 pelos americanos James Wilson e George Kelling, recebeu o nome de 'teoria das janelas quebradas'."

"Janelas quebradas", de Dráuzio Varella

Apesar de contestada, a teoria das janelas quebradas trata de uma realidade incontestável: desordem chama desordem. Não podemos deixá-la começar. É aquele *vírus* que mencionei no capítulo dedicado aos funcionários.

Basta começar uma *muvuca*, um pequeno *ninho*, que logo *brota* outra do lado, e aí vai se encostando uma sacolinha e começa a *favelização* — no sentido de "expansão desordenada e incontrolável".

Repito inúmeras vezes que é preciso acabar com os *ninhos*, os quais se formam pelos cantos, em todas as áreas e interiores da casa: das gavetas, das prateleiras, dentro dos armários, enfim. Porque tenho certeza de que acabar com essas *adiposidades* é o que vai começar a colocar ordem na casa.

Esses *ninhos*, que vão se formando e nem percebemos, só aparecem e incomodam quando se tornam insuportáveis! Isso porque estão sempre acompanhados da sujeira, da poeira velha.

É fácil começar a combatê-los previamente se tivermos os tais lugares para cada coisa e fizermos uso de uma mínima disciplina para que não se espalhem por todas as partes da casa. É também necessário haver um mínimo *respeito* por esse material que se acumula rapidamente — revistas, jornais, propagandas, papéis perdidos e às vezes até importantes! —, que se misturam na pilha. É necessário lhes dedicar alguma atenção. Aí você ficará sossegado, porque com alguma atenção o *vírus* não vai se instalar.

Mesmo com relação aos consertos e manutenção, se não nos anteciparmos aos fatos, tudo vai se deteriorando. Depois que isso acontece, só se mudando ou fazendo uma rigorosa auditoria doméstica para recuperar a alegria de se ter as coisas da casa com saúde, e a casa sob seu controle.

Sejam severos na avaliação das coisas. Tolerância Zero!

Panos de prato, panos de pia, buchas de lavar louças e de limpeza da casa, escovas de limpeza, panos de chão, vassouras e

Quando volto para casa, lá pelas 18h, 19h, a cama está aberta, as cortinas estão fechadas e a ponta do papel higiênico está dobradinha, como se tivesse uma flechinha, deu para entender? Aí que sonho, eu quero morar aqui.

Danuza Leão

rodos, coisas simples e que inclusive não são caras, mas que precisam de permanente reposição. É por aí que começa o desastre. Até mesmo o que está inteiro e em ordem começa a ser maltratado e tudo vai ladeira abaixo.

CAPRICHO

Falar sobre capricho é tão delicado quanto caprichar! É importante perceber o quanto antes que, por conta daquele detalhe não cuidado, por muito pouco acabamos morrendo na praia.

Aquele detalhe a mais que nem sempre, na correria da vida, conseguimos perceber, o que dirá praticar.

Digo sempre quando me perguntam: "Como a Sra. conseguiu isso?" Ou mesmo: "Tem algum curso para se aprender isso que a Sra. faz?" Eu respondo: "'Isso' é apenas capricho!" É aquele olhar no final do trabalho realizado, constatar o que não está perfeito, e, sem preguiça, fazer tudo de novo — se for preciso!

E, atenção, muitas vezes é necessário fazer de modo diferente! Ou dobrar três ou quatro vezes a mesma blusa chata, cheia de pontas, e que não se ajusta à pilha que você fez.

Até mesmo voltar, depois de estar com a bolsa na mão, para dar uma última olhada e ver que alguma coisa está destoando do conjunto e... largar a bolsa para retocar aquilo.

Enfim, se pudermos pensar que fazer qualquer coisa direito, com capricho, dá o mesmo trabalho que fazer de qualquer jeito, é melhor fazer direito de uma vez! Além de estabelecer um padrão de melhor qualidade para quem trabalha na casa, isso vai se estendendo em qualquer direção das outras áreas da vida e assim vai se criando um padrão de excelência!

É o *bem viver* ou a *qualidade de vida* que vai servindo de exemplo para todos que nos cercam. Acabam trazendo, além do prazer de se ter as coisas em dia, o prazer maior de se ter vencido a preguiça de executar as tarefas direito, e sobretudo de pensar! Pensar como fazer melhor.

É o exercício do pensamento! Não é só o corpo que precisa exercitar... Na verdade, fazer as coisas direito, com capricho, dá o mesmo trabalho de se fazer mal feito.

Dobrar uma sacola de papel nas dobras originais é o mesmo esforço de se dobrar de qualquer jeito. Também não precisa virar uma função! Tem gente que gosta de fazer *trouxinhas* com os sacos plásticos do supermercado, mas isso funciona como um hobby, uma mania ou distração para quem gosta de fazer. Não é disso que estou falando. O que estou tentando mostrar é que, uma vez estabelecido um padrão de *bons tratos* — capricho —, tudo está incluído aí.

É a diferença que existe entre *jogar* as coisas ou *colocar* as coisas no lugar. Verificar se a toalha que está sendo colocada no lugar está do lado direito ou avesso. Ou dobrada para guardar pelo avesso.

É comum ver monogramas e outros bordados do avesso, ou bordados que foram feitos no meio da toalha para marcar de quem é a roupa, estarem pendurados ou dobrados com o monograma escondido, ou, pior, partidos com a dobra no meio, deixando as letras separaras pela dobra. Assim como os jogos de lençóis, que são dobrados, escondendo justamente o detalhe do bordado, que é o que faz a diferença entre eles, e principalmente entre os lençóis de cobrir e os de forrar a cama.

Vejo almofadas jogadas em sofá com o desenho — lindo! — de

pernas para o ar. E os travesseiros de plumas *king size* — caros! — colocados em desalinho e cobertos pela colcha, como se fossem um rolo gordo...

A tudo isso podemos chamar de falta de capricho, porque é só uma questão de se fazer as coisas que fazemos de qualquer jeito apenas com um pouco de gosto, e o prazer de ver aquilo mais bonito, com mais elegância.

Muitas vezes até dá mais trabalho fazer malfeito, porque hoje praticamente tudo é feito para facilitar a vida, portanto, fazer as coisas na contramão é encontrar dificuldade, além de que, quando fazemos as coisas direito, com cuidado, com mais capricho, dá muito mais prazer e orgulho daquilo que fomos capazes de fazer. E também não deixa de ser uma das formas de educação, de aprimoramento, de sensibilidade.

Tudo que se faz com capricho tem uma nota de carinho, de amor.

Quando vejo as pessoas indo para os hotéis de luxo buscando excelência nos serviços, bom gosto nos acabamentos, posso garantir que o nome disso é capricho! Excelência!

Papel higiênico com a pontinha dobrada formando uma flechinha, cama aberta com o abajur aceso para que não se tropece no escuro, cobertor no pé da cama, chinelos no lugar onde é mais confortável, enfim, tudo isso pode ser aplicado em casa. E não precisa ter tantos empregados, basta se combinar com a faxineira, dispensada às 16h ou 17h, que deixe as coisas de acordo com o que você considera acolhedoras para a sua chegada. Um abajur com uma lâmpada de *led* no fundo da sala ou no quarto, cortinas fechadas ou abertas — se você prefere, como eu, acordar junto com o dia!

Esse outro *vírus*, o do capricho, precisa contaminar as pessoas da casa. Até mais do que isso, precisa entrar na circulação do cotidiano da casa!

A CAIXA POSTAL

Todas as casas — não importa o tamanho ou padrão — tem sempre alguma coisa para ser entregue a alguém, a ser devolvida, a ir para o conserto ou esperando o consertador; presentes a serem trocados com prazo de validade, roupas para o conserto e por aí afora...

Se existe uma casa de praia ou de montanha, certamente vão ter coisas que andam de um lado para o outro, portanto, a caixa postal tem que existir em algum lugar da casa e assim criaremos as bases para que se tenha pronto o que deve ir para seu determinado destino. Criando esse *setor*, sempre que houver um portador, ou quando sairmos às pressas, as coisas já estarão prontas ali, esperando para alcançarem seu destino! E de preferência acomodadas em alguma embalagem que já seja a que vai e volta.

Para as idas e vindas das casas de final de semana, aconselho os cestos cujo nome técnico é *monobloco* — aqueles com cara de engradado de garrafas de vidro da Brahma de antigamente, só que são vazios por dentro, e se encaixam, um em cima do outro. São resistentes e tem bom aproveitamento de espaço.

Para as coisas miúdas e variadas, o melhor é ter um outro cesto, no tamanho ideal para o espaço, de modo que as coisas não se percam nesse espaço.

A caixa postal deve ficar numa área de fácil acesso, e se possível, à vista de todos, para ser lembrada.

Justamente esquecemos de fazer esses despachos porque humanamente escondemos de nós mesmos tudo que envolve mais tarefas! Por causa disso, gosto de *pendências* bem visíveis. Incomodando! Porque assim a gente acaba fazendo, para se livrar daquela *coisa* que fica nos *cobrando* a cada vez que passamos por ela...

Pedir à criança para desenhar a casa é pedir-lhe para revelar o sonho mais profundo em que ela deseja abrigar sua felicidade [...].

A poética do espaço, de Gaston Bachelard

Aliás, a quantidade de *pendências* que hoje se cria nas casas, nas bolsas, nos carros, é uma coisa assustadora! A falta de tempo, ou melhor, o tempo mais curto, faz com que tenhamos muito boas intenções, mas elas se perdem no caminho por conta desse encurtamento do tempo!

Faço sempre um *roteiro* na minha cabeça antes de sair distribuindo as pendências, mas muitas vezes as mudanças de rumo a que somos frequentemente condenados, por causa do trânsito ou outras urgências, acabam fazendo com que a "sacola de pendências" fique velha no carro! Já vi gente entregando a tal sacola para qualquer pessoa que queira, diante da derrota!

Mas tenha a certeza de que é necessário que esse lugar exista, para que as coisas não se embaracem no dia a dia, o que irrita ainda mais! Até mesmo coisas que ainda não sabemos onde guardar ou se vamos colocar em uso podem ficar ali.

É comum também pensarmos em dar uma coisa de presente para alguém que vai aparecer, mas que nunca apareceu. Depois de alguns meses, revendo o lugar de espera, decidimos *incorporar* aquilo às nossas coisas!

Já vi gente encontrar coisas que desejavam muito embrulhadas de presente para alguém que nunca foi entregue, porque estava no chão do escritório e dali foi "andando" pelas mãos de algum funcionário para um outro canto, numa noite de festa, e mais adiante foi parar dentro do armário de som do escritório, e ali ficou perdido para sempre!

Temos que considerar que, assim como todos os lugares da casa são vivos, todos têm a sua dinâmica. O lugar de espera também precisa ser mantido em dia, com a mesma assiduidade com que ele é entulhado! Isto é, rever os itens, sacolas, embrulhos, saquinhos etc. para que aquilo não se consolide ali. É preciso entender que aquele lugar não foi criado para guardados. É uma miscelânea viva como a gente! E como tal, o exercício de rever o que ali está esperando a vez de ser despachado é uma rotina de alguém! Com ou sem *personal organizer*!

Digo isso com humor, porque alguns clientes guardam essas tarefas para quando estou por perto, fazendo ordem. Talvez porque se sentem estimulados, como quando fazemos projetos de mudança no corpo — ou na cabeça — e estamos ao lado do nosso *treinador* ou *terapeuta*!

CONVIDADO À PRÓPRIA VIDA

Apesar de todos os meus esforços e experiência direcionados a implantar facilidade para que se alcance *qualidade de vida*, muita gente não entende direito quando explico que a casa tem um dono. E como tudo que tem dono, vem junto uma participação mínima do próprio. Mesmo que tudo esteja completamente encaixado nos trilhos e aferido para trabalhar com maior precisão, o funcionamento de uma casa é uma estrutura construída, não nasceu sozinha.

Como tudo que se constrói, precisa de manutenção e investimento. Alguém (nós!) um dia investiu para se chegar àquele resultado. E mesmo assim, de vez em quando, tem que sofrer uma blitz, uma auditoria, para não se perder o padrão obtido.

A maioria dos meus clientes não são os *bagunceiros*, desmazelados. Ao contrário, são os organizados, ou melhor, os que gostam de ordem, independente de saber fazer ou gostar de *fazer*

> *Temos que considerar que, assim como todos os lugares da casa são vivos, todos têm a sua dinâmica.*

ordem — que são duas coisas muito diferentes! As pessoas que me procuram são sobretudo aquelas que querem melhorar o que muitas vezes, para muitos, já estaria bom. Até para mim!

Já houve situação de me chamarem para um trabalho e eu fiquei me perguntando se não seria eu a aprender, a estudar aquele resultado, em vez de ensinar.

Aliás, diga-se de passagem, a gente passa a vida aprendendo e ensinando porque tudo, mas tudo mesmo, sempre pode ser melhorado. Em qualquer área! E, portanto, cabe a mim enxergar os possíveis ajustes a serem feitos para se alcançar os melhoramentos possíveis. É a *sintonia fina*.

Foi por essas razões que conheci casas muito bem estruturadas, organizadas e com bons serviços funcionando como um relógio. E os da casa dispondo de roupa bem tratada, louças bem mantidas, sem nenhum quebradinho! Pratas em uso — e limpas!; camas bem feitas, e roupa de cama e banho parecendo novas, e todo mundo desfrutando dessa base doméstica que muita gente chama de *qualidade de vida*.

Não vamos esquecer que isso não se compra pronto. Alguém implantou um sistema, depois cobrou excelência! *Capricho*! Houve um trabalho de repetição, de condicionamento ou mesmo de educação.

Brinco com meus clientes que não posso *convidá-los à própria vida*! Quando digo isso, ser "convidada", é porque, quando somos convidados a ir a um jantar ou a uma festa, não passa pela cabeça de ninguém todo o trabalho que se teve para que aquilo acontecesse daquela forma. Muita gente não imagina os movimentos que qualquer evento acarreta.

O antes: comprar os ingredientes, ter quem faça, como apresentar, a mesa, os drinks e aperitivos se houver, o guardanapinho, onde colocar os caroços, o banheiro, o papel higiênico de reserva, a roupa dos empregados que vão aparecer ou servir etc. E na maior parte das vezes, são os próprios donos da casa os responsáveis por todas as atividades para a realização de um jantar, de uma festa.

O *durante*: se tudo der certo, é um prazer; o *depois*, não preciso nem contar, porque já estamos cansados só de pensar.

Ser uma *convidada à própria vida* implica um investimento. Não se pode querer que numa casa funcionando, montada e com todo um staf — ou sem nenhum! — não se tenha permanentes ajustes a fazer.

Horários da vida da gente que mudam, funcionários que são trocados, filhos que nascem ou casam, netos que chegam, enfim, vida! Vida diária, vida doméstica, com desgaste de tudo, inclusive das relações com os profissionais.

Certa vez comprei um simples aspirador de reserva para minha casa, e tive que explicar que os materiais hoje não são

E fazer as coisas com gosto e prazer faz a vida ficar mais leve, mais bonita, mais feliz!

resistentes — tudo de plástico! — e que, portanto, mesmo não tendo mais o saco do aspirador, *abolido* nos novos modelos, é preciso ter cuidado com os encaixes das peças que temos que retirar para limpar o seu filtro. Para isso, li rapidamente o manual de instruções e me fiz entender na questão da fragilidade e da precisão dos encaixes. Se não estiver fácil o encaixe, é porque está errado.

Hoje, as coisas pretendem ser *inteligentes*, isto é, se ficou difícil é porque a posição não está certa para o encaixe. Confesso que não tenho certeza de que isso é inteligência ou o contrário, porque, de acordo com as minhas teorias, os músculos têm que trabalhar — e habilidade manual é exercício em Logopedia ou podemos considerar até "Arte — Manual"!

E esse cuidado, que não passa de mais uma das sutilezas que hoje temos que praticar diante da escassez de qualidade no mundo, também faz parte dessa *sintonia fina*, que propõe ou quase impõe bons tratos com as coisas com que lidamos, mas os mesmos bons tratos também podem ser aplicados às relações profissionais em forma de delicadeza. Portanto, seja no trato ou no comportamento, trocar tudo isso pela brutalidade que existe quando se desliga um aspirador puxando pelo fio, em vez de simplesmente retirar o plug da tomada, só vai trazer gentileza, elegância e cordialidade.

São medidas que só podem resultar nos bons fluídos de uma boa comemoração — a festa diária da vida!

FELICIDADE

Organizar é um trabalho que exige concentração, mas ao mesmo tempo as possibilidades de dispersão são imensas e perigosas. Começamos a organizar um *setor* e, ao lidar com as coisas que normalmente estão misturadas, encontramos outro *setor*. Quando nos damos conta, estamos a léguas de distância de onde tudo começou.

Nesse transe, nessa obsessão provocada pela atitude de colocar em dia tudo o que se acumulou ao longo de um tempo, nem percebemos o caos que estamos criando. O caos é necessário para que se instale a ordem!

Benvinda bagunça que nos obriga a tomar providencias, fazer escolhas, limpar as coisas e os lugares que estão em questão. Mas é aí que mora o perigo, porque a vida lá fora, longe desse transe, nos chama para milhares de outras tarefas, muito mais prazeirosas ou mesmo menos maçantes. Por causa de outros prazeres, nem sempre conseguimos terminar o que ficou para trás na organização de uma casa, o que certamente se tornará um caos maior do que o que havia inicialmente.

A falta de foco nos conduziu diretamente ao estado inicial, só que desta vez um pouco piorado pela situação em que paramos. Aí é que começam as pilhas sobre pilhas, que tão bem conhecemos. E voltar no dia seguinte ao trabalho de organização, para dar continuidade, é coisa para quem tem foco — hoje uma virtude de valor extremo! —, e organização, conforme comecei o tema, é cheio de dispersões.

Essa dispersão, em contrapartida, é muito benéfica porque, como se trata de um trabalho obsessivo, de superação, fazer um *recreio* ou *mudar de assunto* é muito saudável. Apesar de não ser uma pausa, quando retomarmos o rumo de onde estávamos, certamente estaremos melhores para dar uma solução ao problema.

Costumo dizer que, se eu fizer amanhã o que fiz hoje, certamente farei melhor, muitas vezes, de uma outra forma! É a dinâmica das ideias, da criatividade e da vida!

Tirar as pessoas ou as coisas da inércia, do não funcionamento, é dar movimento. E movimento é vida! Coisas quebradas que passam a funcionar criam vida, criam função.

E como também se trata de um trabalho solitário, fiquei muitas vezes pensando porque tanta gente, depois de conseguir organizar um espaço, se sentia mais feliz, não apenas pelo que tinha alcançado, nem pela sensação de vitória, mas certamente porque ORDEM está associada à LIMPEZA, e LIMPEZA e ORDEM dá NITIDEZ, e tudo que é nítido tem mais BRILHO; e BRILHO é LUZ, e LUZ é BELEZA, e BELEZA é PRAZER, é FELICIDADE.

Portanto, ficou para mim definitivamente esclarecido e associado que ORDEM é FELICIDADE. É VIDA!

CONSIDERAÇÕES FINAIS

Não sei se ficou claro o suficiente, depois de tantos exemplos e explicações, que o *conceito* organizacional serve para qualquer quantidade, qualidade ou padrão de vida que se tenha.

Seja num loft, num conjugado, num quarto e sala; que você tenha talheres de inox, bambu ou plástico, em qualquer lugar ou situação de vida se podem aplicar os princípios sugeridos neste livro. Setores, famílias, departamentos, classificação, manutenção, e sobretudo *capricho* podem ser aplicados em qualquer lugar.

Já vivi na roça, conforme relatei na minha apresentação, e lá pude constatar que até mesmo nesses lugares, onde não há muito acesso à informação, existem pessoas que, embora sem os meios materiais, fazem com o que tem uma vida organizada e limpa. Panelas de alumiado amassadinhas, porém brilhando. Canecas de ágata com quebradinhos, mas também limpas!

Não vejo *capricho* exatamente como um dom ou talento. É claro que tem gente que já nasce com requinte sem mesmo ter conhecido qualquer ambiente requintado. Mas vejo *capricho* como um estado de espírito mais perceptivo, mais sutil. É a diferença entre "botar" e "colocar". Isso para não falar em "jogar". Com bases na minha experiência, vejo até mais como uma atitude ligada ao refinamento interior, à sintonia mais fina. É quando a pessoa resolve — dentro de si! — que vai fazer tudo melhor, que vai ficar melhor, e assim começa a entrar em FM também naquilo que faz.

É claro que temos que encontrar a medida. E essa medida é a de cada um. E se você tem uma casa básica, sem luxo ou qualquer exagero, onde não existe problema de espaço, ou se existe porque os espaços são pequenos, ainda assim podem ser extraídas boas dicas deste livro, estimulando a criatividade que existe dentro de todos nós, podendo criar um olhar mais amoroso para com os seus guardados ou mesmo para o seu dia a dia.

Não é porque os copos não são de cristal que não merecem respeito! E se os talheres não são de prata, também merecem estarem limpos! E mesmo que a louça — tão bonitinha! — seja quebradinha na borda ou manchada, porque foi guardada úmida, precisa secar para não ficar mais manchada e perder a sua graça.

Portanto, mais uma vez chamo à reflexão sobre o trabalho doméstico, considerando que ele pode ser visto como uma função diária, em seu benefício, supondo sempre que todo mundo gosta de conforto e prazer! Simples assim!

E fazer as coisas com gosto e prazer faz a vida ficar mais leve, mais bonita, mais feliz! E vou terminar minhas considerações lembrando a todos que depois de tantas regras, tanta arrumação e limpeza, não faça mais nada hoje. Só um pouco de bagunça.

AGRADECIMENTOS

Agradeço a todos os clientes que me deram um voto de confiança, permitindo assim que eu praticasse minha vocação, tornando esse livro uma realidade.

Agradeço ao meu analista por ter me ensinado a pensar.

Agradeço a Lia Siqueira, que com sua sensibilidade logo entendeu o valor do meu trabalho e ainda interpretou minhas ideias com seus desenhos e seu traço firme, enfeitando assim este livro.

Agradeço aos meus editores — clientes-amigos —, hoje em dia quase família, me oferecendo e estimulando a oportunidade de divulgar meu trabalho.

CIP-BRASIL. CATALOGAÇÃO NA PUBLICAÇÃO
SINDICATO NACIONAL DOS EDITORES DE LIVROS, RJ

L71io

    Lima, Zeca
      A ordem : o prazer de ter a vida arrumada / Zeca Lima ; ilustração Lia Siqueira. 1. ed. - Rio de Janeiro : Língua Geral, 2016.
      160 p. : il

    ISBN 987-85-5516-007-3

    1. Limpeza e arrumação doméstica. 2. Economia doméstica. I. Siqueira, Lia. II.Título.

16-36314   CDD: 648.5
                    CDU: 648.5

17/09/2016   22/09/2016

ZECA

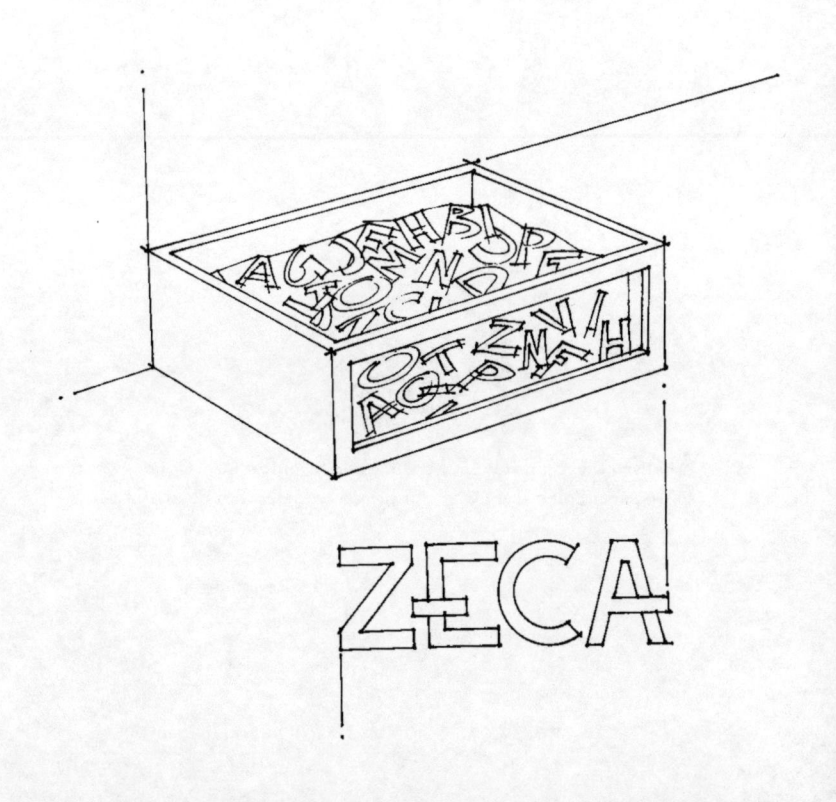

Este livro foi composto em Mrs. Eaves e Brandon Grotesque sobre papel Pólen Bold 90g e impresso em setembro de 2016.